こころの音読

写真提供 • Panoramic Images／Getty Images（帯写真）
　　　　　AP Images（p.31）

録音編集 • ㈶ 英語教育協議会（ELEC）

CDナレーション • Helen Morrison
　　　　　　　　Chris Koprowski
　　　　　　　　Steven Ashton

編集協力 • 松元久恵

こころの音読

名文で味わう英語の美しさ

斎藤兆史・著

講談社

目次

本書の使い方 —— 斎藤流・音読プログラム　8

Part 1　愛情と友情　　　　　　　　　　　　　　　　　13

chapter 1　　*15*

自分以外の人に対して心から興味を持つべし。
Become genuinely interested in other people.
デイル・カーネギー『人を動かす』

chapter 2　　*23*

感情や人間関係の「真実の生活」もまた断続的なものである。
The "veritable life" of our emotions and our relationships also is intermittent.
アン・モロウ・リンドバーグ『海からの贈りもの』

chapter 3　　*31*

死ねば命は絶たれるが、心はつながっている。
Death ends a life, not a relationship.
ミッチ・アルボム『モリー先生との火曜日』

chapter 4　　*39*

私はまさに合気道の実践を見たのであり、
その真髄は愛であった。
I had just seen aikido in action, and the essence of it was love.
ジャック・キャンフィールド、マーク・ヴィクター・ハンセン編
『こころのチキンスープ』

Part II　生きる喜び

chapter 5　　55

その生きた言葉が私の魂を呼び覚まし、
それに光と希望と喜びと自由を与えてくれたのである！
That living word awakened my soul, gave it light,
hope, joy, set it free!
ヘレン・ケラー『奇跡の人　ヘレン・ケラー自伝』

chapter 6　　65

今朝、目覚めたヘレンは、まるで光り輝く妖精のようでした。
Helen got up this morning like a radiant fairy.
アン・サリヴァン「サリヴァン先生の手紙」

chapter 7　　73

自分自身にどっぷりと没入しすぎて不幸になっている人は、
外に目を向けることによってのみ幸福に至ることができる。
External discipline is the only road to happiness for those
unfortunates whose self-absorption is too profound to be cured
in any other way.
バートランド・ラッセル『幸福論』

Part III　平和への想い　　　　　　　　　　　　　　　　　81

chapter 8　　83

未知の世界に向かって
ドアを少し開けておかなくてはいけない。
We must leave the door to the unknown ajar.
リチャード・P・ファインマン『「困ります、ファインマンさん」』

chapter 9　　93

勝利は得たものの、平和は得られていないのであります。
The war is won, but the peace is not.
アルバート・アインシュタイン『アインシュタイン 晩年に想う』

chapter 10　　103

私たちは大きなことはできません。
ただ、大きな愛で小さなことをすればいいのです。
We can do no great things; only small things with great love.
ロバート・フルガム
『人生に必要な知恵はすべて幼稚園の砂場で学んだ』

巻末付録　　音読の記録帳　　　　　　　　　　　　　　　115

「音読の記録帳」記入の仕方　　116
Chapters 1–10「音読の記録帳」　　118

あとがき　140

本書の使い方──斎藤流・音読プログラム

　本書は、日本人のための英語学習教材である。第一義的には、語学学習に欠かせない音読を効果的に、楽しく行ってもらうことを目指して作った自習用教材だが、使用した英文はいずれも読み物としても深い味わいがあり、読解学習、聴解学習、翻訳学習、その他多様な学習の素材として使用することができる。工夫次第では、自習用としてばかりでなく、授業用に用いることもできるであろう。ここでは、まず音読教材としての本書の基本的な構成と使い方を解説し、さらに他の学習への応用の仕方を解説しておく。

■ 各章の構成

　各章は、次の要素で構成されている。

　　　［作者と作品について］
　　　［音読のポイント］
　　　［引用文］
　　　［和訳］
　　　［語注］

　音読に入る前に、まず［作者と作品について］と［音読のポイント］を一読し、背景知識を理解しておいてほしい。［引用文］と［和訳］は対訳式に並べ、簡単な［語注］を付した。引用した英文は、原著作者の性別と国籍によって朗読者を振り分け、すべてCDに収録した。

■ 音読教材としての効果的な使い方

① **お手本の朗読を聴く**——最初にCDをかけ、1章分の朗読を聴く。英文は、すべて朗読を専門とする母語話者（トラック1、2、4、8〜10は男性のアメリカ英語話者、トラック3、5、6は女性のアメリカ英語話者、トラック7は男性のイギリス英語話者）の声で吹き込まれている。まずはそのお手本となる朗読をじっくりと味わっていただきたい。

② **内容を確認する**——次に、和訳を読んで、素材として用いられている英文の内容を確認する。読解力に自信のある読者は、この段階を飛ばしてもかまわない。

③ **英文を一読する**——英文素材の内容を確認したら、今度は本文を一読する。難しそうな語句や文法事項には簡単な注をほどこしておいたので、それも参考にしてほしい。できれば、重要な単語の発音を辞書で確認しておく。発音記号が正確に読めるようになれば、英語の発音は格段にうまくなる。

④ **英文を見ながらCDを聴く**——今度は、英文を見ながらCDをかけ、どこがどのように読まれているかを確認する。余裕があるなら、CDの声に合わせて自分でも軽く声を出してみるといいだろう。

⑤ **物まね音読を繰り返す**——あとは何度もCDをかけ、朗読の物まねを繰り返す。実際に声を出してもいいし、軽くハミングするような感じで口を動かすだけでもかまわない。ときにはCDをかけずにゆっくりと英文を音読し、あとでCD

をかけるなどの工夫をしてもいいだろう。普段、何気なく教材を思い出したときに、朗読の声と自分の声が一致するような感じを覚えるようになれば理想的である。

■ 読解教材としての使い方

　英文読解力の養成に重点を置いて本書を用いる場合には、最初から訳を読まず、辞書を引きながら英文を読み進めていただきたい。その際、できればノートを一冊用意し、調べた単語の発音記号や定義、例文などをそれに書き取っていくといい。どうしても文の意味がわからないときには、注や訳を参考にしながら、ひたすら読み進めていく。ひとつの英文が読み終わったら、上記の音読学習や他の学習も行なってみてほしい。

■ 聴解教材としての使い方

　聴き取り能力を伸ばしたい読者は、英文や訳を読む前にCDをかけ、内容を理解するように努める。一度聴いてどれだけ英文が理解できたかを、日本語でも英語でもいいから簡単にノートに書き留めておき、あとで訳を読みながら原文の内容を確認するのもいいだろう。大まかな意味がつかめたら、次にまたCDをかけ、途中でこまめに止めながら英文を書き取っていき、最後までいったら、原文とつき合わせて答え合わせをする。

■ その他の使い方

　翻訳に興味のある読者は、訳を見ずに自分で訳文を作ってみてほしい。本書中の英文は、読者の知性よりもむしろ情感に訴えかけるようなものが多い。そのため、論理だけを見て単純に訳しても、なかなかうまい日本語にならない。原文の意味を生かしつつ味わいのある日本語にするにはどうすればいいか、そのあたりを考えながら訳文をつくり、本書中の訳と比較してみるといいだろう。

　また、本書中で気に入った英文を暗唱するという勉強法もある。1章分まるまる覚えるのはなかなか骨が折れるので、気に入った部分だけでもいいだろう。CDを聴いたり、本文を何度も音読したり、物まね音読を繰り返してどこかの一節が暗唱できるようになったら、そのまま忘れてしまってもかまわない。一度覚えた英文のリズムはかならず体のどこかに刻み込まれている。

　単独で実践するにはやや退屈な学習法かもしれないが、たまに原文をそのまま書き写してみるといい。國弘正雄先生の提唱する「只管筆写(かんひっしゃ)」である。禅の修行における座禅と同じように、その意義を考えることなく、ただひたすら書き写すだけでいいのである。

　この他、各自の学習目標、生活習慣などに応じていろいろな学習法を工夫し、それらを適当に組み合わせて実践していただきたい。英語における座談やスピーチの席などで本書に収められた英文の一節などが口をついて出てくるようになると、一座の注目を集めること請け合いである。

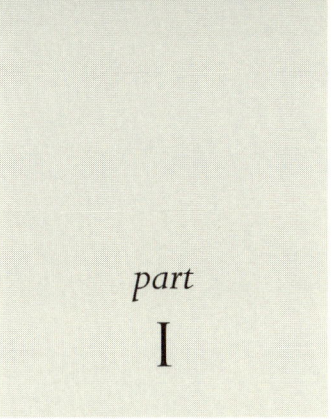

part
I

愛情と友情

How to Win Friends and Influence People

人を動かす

Dale Carnegie
デイル・カーネギー

自分以外の人に対して心から興味を持つべし。

Become genuinely interested in other people.
—Dale Carnegie, *How to Win Friends and Influence People*

作者と作品について

　引用文の出所たる『人を動かす』や『道は開ける』(*How to Stop Worrying and Start Living*)などのベストセラー啓発書の著者として知られるデイル・カーネギー(1888–1955)は、米国ミズーリ州北西部の貧村で生まれ育った。一家はやがてそこの農場を売り払い、同州西部のウォレンズバーグという町に農場を買ってそこに引っ越したが、生活は一向に楽にならなかった。

　その町の州立師範学校に入学したカーネギーは、寮費を払うことすらできず、毎日3マイル(5キロ近く)の道のりを馬で通学しなくてはならなかった。夜は石油ランプの光でラテン語を学び、朝3時に起きて豚の世話をする日々であったという。在学中、彼はさまざまなスピーチ・コンテストに出場し、はじめは連戦連敗を重ねたものの、あるときから一気に連勝街道を突っ走るようになった。彼の指導を受けた他の学生も、たちまちスピーチ・コンテストで好成績を収めるようになった。

　卒業後、食うや食わずの生活をしながら職を転々としたのち、師範学校時代に養った弁論術を生かす仕事がしたいと考え、ビジネスマンを対象とした小さな話し方教室を開きたいとYMCAに持ちかけた。YMCA側にしてみれば、過去に同じような教室を開いて何度も失敗している。どうせまた同じことの繰り返しになるのが関の山と考えつつも、歩合制で給与を支払う条件で彼の申し出を受け入れた。

　蓋を開けてみると、この話し方教室は失敗どころか大繁盛

した。はじめは一晩あたり2ドルの給与を支払うことすら拒否したYMCAが、開業して3年もたたぬうちに、一晩あたり30ドルの給与を支払っていた。そして彼の名声はうなぎ登りに高まっていき、いつしか彼はニューヨーク、フィラデルフィア、ボルティモアを飛び回り、さらにはロンドンやパリにまで飛んでいく名物教師、啓蒙書作家になっていたのである。

　引用文は、『人を動かす』の第2章「人に好かれる6つの法」の第1節に現われる。

音読のポイント

　この引用文を音読する際には、ここに2種類の違った語りがあることに注意しなくてはいけない。ひとつは、デイル・カーネギー本人と言ってもいい地の文の語り手が語る人生論であり、もうひとつは、そのなかに埋め込まれたマーティン・ギンズバーグなる人物の体験談である。したがって、外枠を構成する地の文を読むときには、普通の声で淡々と読み、体験談の部分ではあえて声色を変え、自分が誰かに感動的な出来事を物語っているような気分で、最後の一文に向かって徐々に盛り上げていくといいだろう。

A show of interest, as with every other principle of human relations, must be sincere. It must pay off not only for the person showing the interest, but for the person receiving the attention. It is a two-way street—both parties benefit.

Martin Ginsberg, who took our course in Long Island, New York, reported how the special interest a nurse took in him profoundly affected his life:

"It was Thanksgiving Day and I was ten years old. I was in a welfare ward of a city hospital and was scheduled to undergo major orthopedic surgery the next day. I knew that I could only look forward to months of confinement, convalescence and pain. My father was dead; my mother and I lived alone in a small apartment and we were on welfare. My mother was unable to visit me that day.

"As the day went on, I became overwhelmed with the feeling of loneliness, despair and fear. I knew my mother was home alone worrying about me, not having anyone to be with, not having anyone to eat with and not even having enough money to afford a Thanksgiving Day dinner.

"The tears welled up in my eyes, and I stuck my head under the pillow and pulled the covers over it. I cried silently, but oh so bitterly, so much that my body racked with pain.

訳

　人間関係に関するほかの原則と同様、人に対して興味を示す場合には誠実であることが大切である。興味を示している人にとっても、注目を受けている人にとってもプラスにならなければいけない。それは、双方が得をする、両方向の関係である。

　ニューヨークのロング・アイランドで私たちの講座を受講したマーティン・ギンズバーグが語ったところによれば、一人の看護婦に目をかけてもらったおかげで人生が大きく変わったという。

「あれは感謝祭の日のことでした。私が10歳のときのことです。私は市立病院の福祉病棟に入院しており、翌日に大きな整形外科手術を受けることになっていました。その先、自分は何ヵ月も病室に缶詰にされたまま、ひたすら苦痛に耐えて回復を待つしかないことがわかっていました。父親はすでに亡く、私は母と二人で小さなアパートに住み、生活保護を受けていたのです。その日、母は私のところに来ることができませんでした。

　夕方が近くなってくると、寂しさ、絶望感、そして恐怖が怒濤のように押し寄せてきました。母が独り家にいて心配していることも知っていました。話し相手も、食事を共にする人もなく、感謝祭の晩餐を用意するお金もなかったはずです。

　目に涙があふれてきて、枕の下に頭を突っ込み、さらに蒲団をかぶりました。声を殺して泣きましたが、それはそれはつらい涙であり、体中が苦痛でねじ曲がるようでした。

語注

■ pay off「利益をもたらす、うまく行く」■ two-way「両方向の」。基数詞と名詞をハイフンでつないで形容詞として用いる場合、名詞の部分は単数形になる。■ profoundly affected「大いに影響を与えた」■ Thanksgiving Day「感謝祭（の日）」。アメリカでは11月の第4木曜日。■ undergo major orthopedic surgery「大きな整形外科手術を受ける」■ confinement「監禁（状態）、制限」■ convalescence「（病後の）回復（期）」■ on welfare「生活保護を受けて」■ overwhelmed「圧倒する」の意の動詞 overwhelm の過去分詞形。■ welled「湧き出た」■ racked「ねじ曲がった」

"A young student nurse heard my sobbing and came over to me. She took the covers off my face and started wiping my tears. She told me how lonely she was, having to work that day and not being able to be with her family. She asked me whether I would have dinner with her. She brought two trays of food: sliced turkey, mashed potatoes, cranberry sauce and ice cream for dessert. She talked to me and tried to calm my fears. Even though she was scheduled to go off duty at 4 P.M., she stayed on her own time until almost 11 P.M. She played games with me, talked to me and stayed with me until I finally fell asleep.

"Many Thanksgivings have come and gone since I was ten, but one never passes without me remembering that particular one and my feelings of frustration, fear, loneliness and the warmth and tenderness of the stranger that somehow made it all bearable."

If you want others to like you, if you want to develop real friendships, if you want to help others at the same time as you help yourself, keep this principle in mind:

PRINCIPLE 1
Become genuinely interested in other people.

若い見習いの看護婦さんが私の泣き声を聞いてやって来ました。彼女は顔の上の蒲団をはぐと、私の涙を拭いはじめ、自分も寂しいのだと言いました。感謝祭が勤務日となり、家族と一緒にいることができないのですから。私は一緒に食事をしないかと誘われました。看護婦さんは、食べ物をのせたお盆をふたつ持ってきました。そこにのっていたのは、薄切りの七面鳥、マッシュポテト、クランベリーソース、それからアイスクリームのデザートです。彼女はいろいろと話をして、怖がっている私をなだめようとしました。勤務は午後4時で終了するはずであったにもかかわらず、そのままずっと夜の11時ごろまで一緒にいてくれました。私とゲームをしたり話をしたりして、私が寝付くまでそばにいてくれたのです。
　10歳のとき以来、感謝祭は何度も経験しましたが、その日が来るたび、かならずあの感謝祭の日を思い出します。あの挫折感、恐怖感、寂しさ、そしてそれをどうにか耐え抜く力を与えてくれたあの知らない看護婦さんの温かさ、優しさを思い出すのです」
　もし人に好かれたい、真の友情を育てたい、自分と人を一緒に救いたいと思ったら、次の原則を覚えておく必要がある。

　原則その1。自分以外の人に対して心から興味を持つべし。

語注

■ sobbing「すすり泣き」■ on her own time「勤務時間外に」■ bearable「耐えられる」■ principle「原則」

さらに知りたい人のために

邦訳
『人を動かす』
(山口博 訳、創元社)

　カーネギーの著作は多く、どれもがベストセラーかつロングセラーとなっている。他の主な著書に、

『道は開ける』
(*How to Stop Worrying and Start Living*)、

『人生論』
(*How to Enjoy Your Life and Your Job*)、

『カーネギー名言集』
(*Dale Carnegie's Scrapbook*)

　などがあり、ペーパーバックでも入手しやすい。

Gift from the Sea

海からの贈りもの

Anne Morrow Lindbergh
アン・モロウ・リンドバーグ

感情や人間関係の「真実の生活」もまた断続的なものである。

The "veritable life" of our emotions and our relationships also is intermittent.

—Anne Morrow Lindbergh, *Gift from the Sea*

作者と作品について

　チャールズ・オーガスタス・リンドバーグ (1902–74) とその妻アン・モロウ・リンドバーグ (1906–2001)。この二人ほど有名人たることの悲喜劇を鮮烈に体験した人間は、そう多くないのではないか。夫のほうは、言わずと知れた有名な飛行家。州の下院議員の子供として生まれ、リンカーンの航空学校、テキサスの陸軍飛行学校で訓練を受けたのち、郵便航空操縦士となった。そして、1927年、ニューヨーク―パリ間の大西洋無着陸単独飛行に成功、一夜にしてその名を世界に知らしめることになった。だが、その5年後、2歳の愛児を誘拐・殺害され、その悲しみも癒えぬまま、世間の目を避けるべく渡欧、のちにまたアメリカに戻った。

　この有名なリンドバーグの妻が、今回の引用文の出所たる随筆『海からの贈りもの』の著者である。アン・モロウ・リンドバーグは、1906年、政治家・実業家の父ドゥワイト・モロウと詩人・婦女子教育家エリザベス・カッター・モロウの娘としてニュージャージー州に生まれた。28年にスミス・カレッジを卒業、翌年、飛行家のリンドバーグと結婚した。彼女には、ほかに小説 *The Steep Ascent*、詩集 *The Unicorn and Other Poems* をはじめとする数々の著作があるが、その想像力と感性がみごとに結実した本書は、彼女の代表作となっている。

　本書は海辺の風景や貝の名前を章題とする8つの章に別れており、それぞれの章において、人生とは何か、愛とは何か、結婚とは何か、あるいは日々の生活とはどのようなものかと

いった、我々人間にとっての根源的な問題が海に関係のあるイメージとともに提示され、優しさに満ちた穏やかな口調で語られていく。一般に論理至上主義や物質文明に支配されていると思われがちなアメリカに、これだけ情緒豊かな作家が存在することは、ある民族や国民を何らかの概念の下に一括りにすることの危険性を我々に教えてくれる。引用文は、同書第6章「アオイガイ」の最終部から採った。

音読のポイント

この一節において、リンドバーグは、人の心がけっして一定ではないことを波の比喩を用いて説明している。愛が不変のものではないという、我々の幻想を打ち破るような、ある意味で冷徹とも言える論を展開しながら、彼女の声にはけっして悲観的な響きがない。それは、心の変化を事実として受け入れて生きることのなかに幸福があることを暗示する前向きの人生観もさることながら、比喩として用いられた海の図像的な美しさによるものでもあろう。そのような引用文の内容と文体の叙情性を意識し、夕暮れ時の海の美しくも物悲しい雰囲気を思い描きながら、ゆっくりと読んでいただきたい。

CD2

The "veritable life" of our emotions and our relationships also is intermittent. When you love someone you do not love them all the time, in exactly the same way, from moment to moment. It is an impossibility. It is even a lie to pretend to. And yet this is exactly what most of us demand. We have so little faith in the ebb and flow of life, of love, of relationships. We leap at the flow of the tide and resist in terror its ebb. We are afraid it will never return. We insist on permanency, on duration, on continuity; when the only continuity possible, in life as in love, is in growth, in fluidity—in freedom, in the sense that the dancers are free, barely touching as they pass, but partners in the same pattern. The only real security is not in owning or possessing, not in demanding or expecting, not in hoping, even. Security in a relationship lies neither in looking back to what it was in nostalgia, nor forward to what it might be in dread or anticipation, but living in the present relationship and accepting it as it is now. For relationships, too, must be like islands. One must accept them for what they are here and now, within their limits—islands, surrounded and interrupted by the sea, continually visited and abandoned by the tides. One must accept the security of the wingèd life, of ebb and flow, of intermittency.

訳

　感情や人間関係の「真実の生活」もまた断続的なものである。誰かを愛したとしても、四六時中、まったく同じように愛しているわけではない。そんなことは無理な相談というものだ。愛していると思い込むのも嘘になる。それなのに、ほかならぬそのことを誰もが求めている。みんな人生、愛、人間関係にも満ち引きがあることを信じようとしない。潮が満ちるときにはそれに飛びついておきながら、それが引きはじめると血相を変えて抵抗しようとする。引いた潮が二度と満ちてこないことを恐れている。永続、持続、継続にこだわるけれども、人生においても愛においても、継続性とは成長のなかに、流れのなかに——そして、踊り手が、同一の形式のなかで組をなしながら、お互いにほとんど触れ合うことなく自由に動き回っているというような意味での自由のなかに——存在するものである。唯一の真正な安定性は所有や要求、期待のなかには存在しない。希望のなかにすら存在しない。人間関係の安定性は、懐かしい昔を振り返っても、期待と不安の入り交じった気持ちで未来を見つめても、そこに存在するものではない。それは、現在の関係のなかに、そしてそれをあるがままに受け入れたなかに存在するものである。人間関係もまた——海に囲まれ、海に阻まれ、絶えず潮の往来を見続ける——島のようなものであり、限界を持ったまま、いま、ここにあるその姿を受け入れなければならない。飛び回る生活の、潮の満ち引きの、そして断続性のなかの安定性を受け入れなければならない。

語注

■ "veritable life"「真実の生活」。引用符がついているのは、この句が、引用文の直前に著者自身が引用しているサン・テグジュペリの言葉であるため。■ intermittent「とぎれとぎれの、断続する」■ you do not love them all the time「いつも愛し続けているわけではない」。not と all の組み合わせで部分否定になっていることに注意。また、them は直前の someone を受けている。このように、人間を表わす単数の名詞や不定代名詞を人称代名詞で受ける場合、性別を特定するのを避けるために they [their, them] を使う用例は、最近ますます増える傾向にある。■ ebb and flow「(潮の) 干満」。一貫して海や水の比喩が使われていることに注意。

Intermittency—an impossible lesson for human beings to learn. How can one learn to live through the ebb-tides of one's existence? How can one learn to take the trough of the wave? It is easier to understand here on the beach, where the breathlessly still ebb-tides reveal another life below the level which mortals usually reach. In this crystalline moment of suspense, one has a sudden revelation of the secret kingdom at the bottom of the sea. Here in the shallow flats one finds, wading through warm ripples, great horse-conchs pivoting on a leg; white sand dollars, marble medallions engraved in the mud; and myriads of bright-colored cochina-clams, glistening in the foam, their shells opening and shutting like butterflies' wings. So beautiful is the still hour of the sea's withdrawal, as beautiful as the sea's return when the encroaching waves pound up the beach, pressing to reach those dark rumpled chains of seaweed which mark the last high tide.

Perhaps this is the most important thing for me to take back from beach-living: simply the memory that each cycle of the tide is valid; each cycle of the wave is valid; each cycle of a relationship is valid. And my shells? I can sweep them all into my pocket. They are only there to remind me that the sea recedes and returns eternally.

断続性——どうしても人間が学ぶことのできない教訓。どうしたら人生が引き潮にあるときに生きていけるだろうか。波に乗れないときにどうしたらいいのだろうか。目の前の浜辺はわかりやすい。人の手の届かない水面下では、息もつけないような静けさのなかで、潮が別の生活を描き出している。結晶として固まったようなこの緊張のときのなかで、突然、海底にある王国の秘密を知ることがある。温かいさざ波をかき分けながらこの浅瀬を歩いていると、大きなイトマキホラガイが片足で立っているのを見つけることがある。白砂にまみれたタコノマクラは、泥に刻まれた大理石のメダルのようだ。明るい色のコチョウナミノコガイが蝶の羽のように殻を開け閉めしながら泡立つ水際で輝いていることもある。潮が引いて行く時間の海は美しい。それは、前回満ちたときの潮の位置を示すかのようにもじゃもじゃに張りついた黒ずんだ海藻のところまで到達しようとして、侵略者のような波が海辺に打ちつける満ち潮の時間の海と同じくらいに美しいものだ。

　おそらくこれが、海辺の生活が思い起こさせてくれる一番大事なことだろうと思う。潮の満ち引き、寄せては返す波の動き、そして人間関係の波がすべて理に適っているということ。とすると、私の貝はどのような存在だろうか。かき集めてポケットに入れられる貝は、そこに収まったまま、ただ海が永遠に満ち引きを繰り返すことを教えてくれるものなのだろう。

語注

■ **trough**「波の間の谷、波くぼ」　■ **crystalline**「水晶のような、結晶の」　■ **flats**「浅瀬」　■ **horse-conchs**「ダイオウイトマキボラ」　■ **sand dollars**「タコノマクラ」　■ **myriads of ~**「無数の~」。a myriad of... も同じ。　■ **cochina clams**　coquina「コチョウナミノコガイ」のこと。　■ **encroaching**「侵略してくる」　■ **pound**「何度も打つ、叩く」　■ **rumpled**「しわくちゃにする」の意の動詞 rumple の過去分詞形。　■ **valid**「正当な、理に適った」

さらに知りたい人のために

邦訳
『海からの贈りもの』
（落合恵子 訳、立風書房）

　本書が熟年に達した著者の心境を語ったものだとすれば、リンドバーグ夫妻が若かった頃に行った調査飛行の記録をまとめた『翼よ、北に』、『聞け、風が』（ともにみすず書房）では、瑞々しい感性が光っている。

chapter 3

Tuesdays with Morrie
モリー先生との火曜日

Mitch Albom
ミッチ・アルボム

死ねば命は絶たれるが、心はつながっている。

Death ends a life, not a relationship.
　　　　　　—Mitch Albom, *Tuesdays with Morrie*

作者と作品について

　作者ミッチ・アルボム（1959–　）は、アメリカの作家。『デトロイト・フリー・プレス』紙にスポーツ関係の記事を寄稿し、スポーツ・コラムニストの人気投票で、10数年にわたって第1位を獲得し続けているほか、ラジオ番組の司会進行役としても活躍している。著作としては、新聞記事の秀作をまとめた *Live Albom I–IV* のほか、ミシガン大学のフットボール・チームやバスケットボール関係の本、さらに、引用文の出典たる『モリー先生との火曜日』、『天国の五人』(*The Five People You Meet in Heaven*) など、人生の何たるかを考えさせる随筆がある。

　『モリー先生との火曜日』は、アルボムと大学時代の恩師モリー・シュワルツとの交友の記録である。大学を卒業して15年ほど経ったとき、アルボムがたまたまテレビをつけると、かつての恩師シュワルツが車椅子に乗って話をしていた。番組につけられた題名は、「一人の教授の最終授業──自らの死について」というものであった。シュワルツは筋萎縮性側索硬化症に冒されて余命幾ばくもない状態ながら、インタビューに答える形で、死を目前にした自らの心境を淡々と語った。番組を見たアルボムは急いでシュワルツと連絡を取り、彼のもとに駆けつけた。そして、毎週火曜日、彼の自宅を訪ねて、人生とは何か、愛とは何か、生とは何か、死とは何かといった哲学的な問題についての師の話を記録していった。

　内容は、アルボムに対するシュワルツの個人授業という体

裁を採っているが、啓蒙の書として読むこともできる。本書は世界各地でベストセラーとなり、本書をもとにして作られたテレビ・ドラマは、2000年度のエミー賞の4部門を獲得した。

**音読の
ポイント**

引用文は、アルボムの卒業後あらためて二人の面会が始まってから13週目の火曜日の会話から採った。シュワルツは14週目の火曜日にアルボムに別れを告げ、その土曜日の朝に死去する。シュワルツが、息も絶え絶えに、言葉を選びつつ、かろうじて操ることのできる簡単な構文で人生の意味を教え子に伝えようとしている様子が文面からも読み取れる。そのような師の想い、そしてその貴重な教えを一言も聞き逃すまいとする教え子の気持ちを想像しながら、一言一言じっくりと味わいながら読んでいただきたい。

"Last night..." Morrie said softly.

Yes? Last night?

"...I had a terrible spell. It went on for hours. And I really wasn't sure I was going to make it. No breath. No end to the choking. At one point, I started to get dizzy...and then I felt a certain peace, I felt that I was ready to go."

His eyes widened. "Mitch, it was a most incredible feeling. The sensation of accepting what was happening, being at peace. I was thinking about a dream I had last week, where I was crossing a bridge into something unknown. Being ready to move on to whatever is next."

But you didn't.

Morrie waited a moment. He shook his head slightly. "No, I didn't. But I felt that I *could*. Do you understand?

"That's what we're all looking for. A certain peace with the idea of dying. If we know, in the end, that we can ultimately have that peace with dying, then we can finally do the really hard thing."

Which is?

"Make peace with living."

He asked to see the hibiscus plant on the ledge behind him. I cupped it in my hand and held it up near his eyes. He smiled.

訳

「夕べ……」モリー先生は静かに言った。

え？　夕べ？

「……ひどい発作に襲われた。数時間続いたよ。もう駄目かと思ったほどだ。息もできない。ずっと胸が詰まったまま。途中で頭がくらくらしてきた……それから、何となく落ち着いてきて、もう死んでもいいという気持ちになった」

先生の目が大きく開いた。「ミッチ君、これは本当に信じられないような気分だった。自分の身に起こりつつあるものを、平穏な気持ちで受け入れられそうな感覚だった。先週見た夢のことを考えていたんだ。橋を渡って、知らないところに行く夢だ。そこが何であろうと、先に進むことができそうな気持ちだった」

でも、そこには行かなかったわけですよね。

モリー先生はしばらく間を置いた。そしてかすかに首を動かした。「そうだね。だけど、行けそうな気がした。わかるかね？

それこそが、みんなの求めているものだろうと思う。死の観念を前にしての平安のようなもの。もし、最後の最後に、泰然と死ねそうな気になることがわかっているなら、みんな一番難しいことも成し遂げられるよ」

というと？

「泰然と生きるということさ」

先生は、うしろの棚に載ったハイビスカスが見たいと言った。私

語注

■ spell「(ひとしきりの) 発作」■ make it「切り抜ける」。ここでは、そのまま死なずに発作が治まることを指している。■ But you didn't. あとに前文中の move on... が省略されている。■ He shook his head 日本語で「首を振る」というと、相手の言ったことを否定することを意味するが、ここでは No, I didn't.「そのとおり、私はその先には進まなかった」という意味で首を振っている。日本語のやり取りなら、うなずいている場面である。■ Which is? この which は、前文の the really hard thing を先行詞とする関係代名詞。文全体として、その the really hard thing がどういうものなのかについての説明を求めている。■ ledge「棚」■ cupped 両手を丸めて碗型にしてハイビスカスを持ち上げる動作を表わしている。

"It's natural to die," he said again. "The fact that we make such a big hullabaloo over it is all because we don't see ourselves as part of nature. We think because we're human we're something above nature."

He smiled at the plant.

"We're not. Everything that gets born, dies." He looked at me.

"Do you accept that?"

Yes.

"All right," he whispered, "now here's the payoff. Here is how we *are* different from these wonderful plants and animals.

"As long as we can love each other, and remember the feeling of love we had, we can die without ever really going away. All the love you created is still there. All the memories are still there. You live on—in the hearts of everyone you have touched and nurtured while you were here."

His voice was raspy, which usually meant he needed to stop for a while. I placed the plant back on the ledge and went to shut off the tape recorder. This is the last sentence Morrie got out before I did:

"Death ends a life, not a relationship."

はそれを両手で抱え、先生の目の前に持っていった。先生はほほえんだ。

「死ぬのは自然なことだ」先生はまた口を開いた。「我々がこれほど死について大騒ぎをするのは、自分たちを自然の一部と考えることができないからなんだ。自分たちは人間だから、自然よりも高い位置にいるはずだと思い込んでいる」

先生は花にほほえみかけた。

「そんなことはない。みんな生まれて、死ぬのさ」先生は私を見た。

「君には、それがわかるかい？」

はい。

「よかった」先生はそうささやいた。「それで、これからが大事なところだ。この素敵な植物や動物と人間が本当に違うところがある。

愛し合って、その愛の感情を覚えている限り、たとえ死んでも、それで終わりじゃない。築き上げた愛が残っているんだ。すべての思い出が残っているんだよ。そうして生き続ける――生前に触れ合った人々、育てた人々の心のなかでな」

先生の声がざらついていた。こうなると、しばらく間を置かねばならない。私は花を棚に戻し、録音機を止めにいった。スイッチを押す前、モリー先生の口から次の言葉が漏れた。

「死ねば命は絶たれるが、心はつながっている」

語注

■ hullabaloo「騒ぎ」。この語の代わりに fuss を使うこともできる。■ payoff「結末、決定的な事実」。元々は「（金銭的な）清算」の意。■ nurtured「育てた、はぐくんだ」

さらに知りたい人のために

邦訳
『モリー先生との火曜日』
(別宮貞徳 訳、日本放送出版協会)

テレビドラマ
『モリー先生との火曜日』
(監督:ミック・ジャクソン、
 主演:ジャック・レモン、ハンク・アザリア)

　名優ジャック・レモンがモリー先生を演じた感動作。エミー賞(アメリカの優れたテレビ番組に与えられる賞)で4部門獲得し、また、ジャック・レモンの遺作ともなった。

chapter 4

Chicken Soup for the Soul
こころのチキンスープ

Jack Canfield and Mark Victor Hansen, eds.
ジャック・キャンフィールド、マーク・ヴィクター・ハンセン 編

私はまさに合気道の実践を見たのであり、その真髄は愛であった。

I had just seen aikido in action, and the essence of it was love.

—Terry Dobson
'Another Way'

作者と作品について

　『こころのチキンスープ』は、おもに一般の人たちから寄せられた「ちょっといい話」を集めた本である。出版されるやたちまちベストセラーとなり、題名のSoulの前に（Cat and Dog Lover's...、Christian...、Teenage...といった具合に）ある程度内容を限定する語句を付け加えた『〜のこころのチキンスープ』という題の続編が数十冊出版された。下に引用したのは、シリーズ第1集所収の「もうひとつの道」（Another Way）と題する随筆文。

　この随筆の作者テリー・ドブソン（1937–92）は、アメリカの武道家。1937年にマサチューセッツ州ケンブリッジに生まれ、40年にニューヨークに移り住んだ。アルコール中毒の母親と継父のもとで激動の少年時代を過ごしたのち、バックリー・スクール、ディアフィールド・アカデミーという名門校で学んだ。その時代、もっぱら彼の関心事はフットボールであったらしい。それから彼は短期間だけアメリカ海軍に勤務、さらにまた短期間だけニューヨーク大学で学んだのち、59年、農村開発と英語教育に従事するために来日した。そして、東京滞在中、横浜の米軍基地で行われた合気道の演武を見て感激し、合気道開祖・植芝盛平の内弟子となって合気道の稽古に励むようになった。のちにアメリカに帰り、同地における合気道の普及に貢献したのち、92年に没した。

　引用文のなかで重要な意味を持つ「合気道」について簡単に説明しておきたい。合気道は、植芝盛平が日本古来のさまざまな武道の要素を取り入れて作り上げた武道であり、「合

気」という言葉が示すとおり、稽古相手との和合、さらには自然や宇宙との和合を理念の中心に据えている。そのため、技を競うような競技試合の形式を採用せず、礼をもってお互いに技を掛け合い、相手と一体になることで和合の精神と強靭な肉体を養うことができるよう、稽古法が体系化されている。現在、合気道は世界各地に普及しており、引用文の著者のような熱心な外国人修行者も少なくない。

音読のポイント

まず注意すべきは、本章の引用文が物語文だということである。つまり、そこには語り手がいて、登場人物がいる。さらに話の展開に即して、そこにどのような声があるかを見てみると、まず出来事のあらましを描写する語り手兼主人公の声がある。まずは、その劇的な展開に合わせて、声を緩急に使い分ける必要がある。厄介なのは、酔っぱらいと老人の声だ。二人の関係が次第に和らいでいく様子が伝わるよう、さらに声の緩急をつけながら、演劇風に音読してみよう。

CD 4

The train clanked and rattled through the suburbs of Tokyo on a drowsy spring afternoon. Our car was comparatively empty—a few housewives with their kids in tow, some old folks going shopping. I gazed absently at the drab houses and dusty hedgerows.

At one station the doors opened, and suddenly the afternoon quiet was shattered by a man bellowing violent, incomprehensible curses. The man staggered into our car. He wore laborer's clothing and was big, drunk and dirty. Screaming, he swung at a woman holding a baby. The blow sent her spinning into the laps of an elderly couple. It was a miracle that the baby was unharmed.

Terrified, the couple jumped up and scrambled toward the other end of the car. The laborer aimed a kick at the retreating back of the old woman but missed as she scuttled to safety. This so enraged the drunk that he grabbed the metal pole in the center of the car and tried to wrench it out of its stanchion. I could see that one of his hands was cut and bleeding. The train lurched ahead, the passengers frozen with fear. I stood up.

I was young then, some twenty years ago, and in pretty good shape. I'd been putting in a solid eight hours of aikido training nearly every day for the past

訳

　眠気を誘う春の日の午後、電車はガタンゴトンと東京の郊外を走っていた。私の乗った車両は比較的空いていた――子供連れの主婦が数人と買い物に向かうお年寄りが何人か乗っている程度であった。私は、くすんだ色の家々とほこりっぽい生け垣をぼんやりと眺めていた。

　ある駅についてドアが開いたとたん、わけのわからない乱暴な言葉をわめき散らしている一人の男によって、午後の静けさは打ち破られてしまった。男はふらふらと私のいる車両に乗り込んできた。作業服をまとった男は大柄で、酒に酔っており、薄汚れていた。男は叫び声を上げながら、赤ん坊を抱いている女性に殴りかかった。その衝撃で、母親は老夫婦の膝の上に転がってしまった。赤ん坊に怪我がなかったのは、まさに奇跡であった。

　夫婦はびっくりして飛び上がり、あわてて車両の反対側に移動した。労務者は逃げていく老女の背中に向かって蹴りつけたが、老女は間一髪で避難し、足は空を切った。これに腹を立てた酔っぱらいは、車両中央の手すりを引っつかみ、それをもぎ取ろうとひねりはじめた。見ると片手が切れて血が流れている。電車は前に揺れ、乗客は恐怖で凍りついた。私は立ち上がった。

　20年前の話である。私も若かったし、いい体つきをしていた。すでに3年ほどの間、ほぼ毎日、みっちりと8時間は合気道の稽古を続けていた。投げ技、固め技は大好きであった。体もたくましいという自信があった。問題は、実際の格闘で技を試した経験がないことである。合気道の修行者として、戦ってはいけないこと

語注

■ clanked and rattled「ガタン、ゴトンと進んでいった」。ここでの clank、rattle はどちらも擬音語が動詞化したもの。 ■ car「(電車の) 車両」 ■ in tow「保護下にある」 ■ drab「くすんだ茶色の」 ■ hedgerow「生け垣」 ■ shattered「粉砕された」 ■ bellowing「大声でわめいている」 ■ staggered「よろよろと入り込んだ」 ■ scrambled「あわてて這い出た」 ■ scuttled「急いで逃げた」 ■ stanchion「支柱」 ■ lurched「揺れた」 ■ putting in ~「~を行なっている」 ■ solid「連続した」

three years. I liked to throw and grapple. I thought I was tough. The trouble was, my martial skill was untested in actual combat. As students of aikido, we were not allowed to fight.

"Aikido," my teacher had said again and again, "is the art of reconciliation. Whoever has the mind to fight has broken his connection with the universe. If you try to dominate people, you're already defeated. We study how to resolve conflict, not how to start it."

I listened to his words. I tried hard. I even went so far as to cross the street to avoid the "chimpira," the pinball punks who lounged around the train stations. My forbearance exalted me. I felt both tough and holy. In my heart, however, I wanted an absolutely legitimate opportunity whereby I might save the innocent by destroying the guilty.

"This is it!" I said to myself as I got to my feet. "People are in danger. If I don't do something fast, somebody will probably get hurt."

Seeing me stand up, the drunk recognized a chance to focus his rage. "Aha!" he roared. "A foreigner! You need a lesson in Japanese manners!"

I held on lightly to the commuter strap overhead and gave him a slow look of disgust and dismissal. I planned to take this turkey apart, but he had to make

になっている。

「合気道は」と師は何度も言っていた。「和合の武道です。戦おうとするものは、すでに宇宙との関係を断っていることになります。もし人を支配しようとすれば、すでにして敗れています。私たちは、戦いを始めることではなく、それを解決する術を学んでいるのです」

私はその言葉に熱心に耳を傾けた。そして、一生懸命修行した。駅のまわりをうろついてパチンコなどに興じている「チンピラ」を避けるために、わざわざ大きな通りを渡っていったりもした。私は、自分の忍耐に酔っていた。心身ともに成長していると感じていた。しかしながら、心の底では、悪者を退治して弱きを助ける正当防衛の機会を求めていたのである。

「ここだ！」私は自分にそう言い聞かせて立ち上がった。「人が危険にさらされている。ここで何もしなかったら、誰かが怪我をする」

私が立ち上がるのを見た酔っぱらいは、怒りの矛先をこちらに向けた。「ああ！」と男は叫んだ。「外人か！日本式の礼儀を教えてやるよ！」

私は頭上の吊り革に軽くつかまり、男をじっと見下すような目つきで相対した。この大馬鹿野郎を徹底的に懲らしめるつもりだが、

語注

■ went so far as to ～「わざわざ～する」。to の次には動詞の原形が来る。 ■ the pinball punks who lounged around the train stations「駅の周辺をぶらついているようなチンピラ」。ここでの pinball punks は、「パチンコばかりしているような遊び人たち」の意。 ■ My forbearance exalted me. 直訳すれば、「私の忍耐が自分を多いに喜ばせた」となる。 ■ an absolutely legitimate opportunity whereby I might save the innocent「弱きを助ける正当な機会」。legitimate は、「正当な」の意の形容詞。whereby は、「それによって～する」の意の、an absolutely legitimate opportunity を先行詞とする関係副詞。the innocent は、「罪もなき人々」の意。このように定冠詞＋形容詞で、「～の人々」の意味になることがある。 ■ take ～ apart「～をひどくやっつける」 ■ turkey もともとは七面鳥を指すが、そこから転じて「だめな人間、役立たず」の意味で用いられることがある。

the first move. I wanted him mad, so I pursed my lips and blew him an insolent kiss.

"All right!" he hollered. "You're gonna get a lesson!" He gathered himself for a rush at me.

A fraction of a second before he could move, someone shouted "Hey!" It was earsplitting. I remember the strangely joyous, lilting quality of it—as though you and a friend had been searching diligently for something, and he had suddenly stumbled upon it. "Hey!"

I wheeled to my left; the drunk spun to his right. We both stared down at a little old Japanese man. He must have been well into his seventies, this tiny gentleman, sitting there immaculate in his kimono. He took no notice of me, but beamed delightedly at the laborer, as though he had a most important, most welcome secret to share.

"C'mere," the old man said in an easy vernacular, beckoning to the drunk. "C'mere and talk with me." He waved his hands lightly.

The big man followed, as if on a string. He planted his feet belligerently in front of the old gentleman and roared above the clacking wheels, "Why the hell should I talk to you?" The drunk now had his back to me. If his elbow moved so much as a millimeter, I'd drop him in his socks.

こちらから手を出すわけにはいかない。相手を怒らせようと、口をすぼめて侮蔑の投げキスを仕掛けてみた。

「そうかい！」と男は叫んだ。「いい度胸してるじゃねえか！」男は威勢を張り、こちらにかかってこようとした。

　男がまさに動こうとした瞬間、誰かが叫んだ。「おーい！」それは耳をつんざくような大声であった。その妙に陽気で軽快な声音は、いまだに忘れられない——まるで友だちと一生懸命何かを探していたところ、突然それを見つけたと言わんばかりの声であった。「おーい！」

　私は左に向き直り、酔っぱらいは右に体を回した。二人が見下ろした先にいたのは、小柄な日本人の老人であった。70歳を軽く過ぎているとおぼしき小柄な紳士が、着物姿でそこに端座していたのである。老人は私を気にすることなく、労務者に向かって楽しそうに笑いかけた。まるで二人だけでねんごろに語り合うべき大切な秘密があるかのようだ。

「こっちゃ来い」老人はくだけた方言でそう言い、酔っぱらいを手招きした。「こっちゃ来い。話でもしよや」老人は軽く手を振った。

　大男は、まるでひもで操られているかのようにそれに従った。男はけんか腰になって老人の前に仁王立ちし、カタンコトンという車輪の音をかき消すような叫び声を上げた。「なんでてめえなんかと話さなきゃなんねえんだよ？」いまや酔っぱらいは私に背を向けていた。その肘が1ミリでも動こうものなら、そのまま投げてやろう

語注

■ pursed my lips and blew him an insolent kiss「口をすぼめ、偉そうな態度で投げキスの仕草をした」。blow[throw]〜a kiss は、「〜に投げキスをする」の意の慣用表現。■ hollered「叫んだ」■ gathered himself 直訳すれば、「自らを奮い立たせた」ということ。■ earsplitting「耳をつんざくような」■ lilting「陽気な」。「陽気に歌う、話す」の意の動詞 lilt の現在分詞形が形容詞として定着したもの。■ stumbled upon 〜「偶然〜を発見した」■ spun「回った」。spin の過去形。■ immaculate「欠点のない、清浄な」■ C'mere Come here がくずれた形。■ vernacular「その土地の言葉」■ belligerently「けんか腰で」■ clacking「カタカタ音を立てている」

The old man continued to beam at the laborer. "What'cha been drinkin'?" he asked, his eyes sparkling with interest. "I been drinkin' sake," the laborer bellowed back, "and it's none of your business!" Flecks of spittle spattered the old man.

"Oh, that's wonderful," the old man said, "absolutely wonderful! You see, I love sake, too. Every night, me and my wife (she's seventy-six, you know), we warm up a little bottle of sake and take it out into the garden, and we sit on an old wooden bench. We watch the sun go down, and we look to see how our persimmon tree is doing. My great-grandfather planted that tree, and we worry about whether it will recover from those ice storms we had last winter. Our tree has done better than I expected, though, especially when you consider the poor quality of the soil. It is gratifying to watch when we take our sake and go out to enjoy the evening—even when it rains!" He looked up at the laborer, eyes twinkling.

As he struggled to follow the old man, his face began to soften. His fists slowly unclenched. "Yeah," he said. "I love persimmons, too...." His voice trailed off.

"Yes," said the old man, smiling, "and I'm sure you have a wonderful wife."

"No," replied the laborer. "My wife died." Very

と私は構えていた。

　老人は、あいかわらずその労務者にほほえみかけていた。「何飲んでたんだ？」老人は目を輝かせ、興味津々といった顔つきでそう尋ねた。「酒だよ」と労務者は大声で答えた。「てめえの知ったこっちゃねえだろう！」男のつばが老人に降りかかった。

「ああ、いいなあ」老人は言った。「そりゃいいなあ！　わしも、なあ、酒が大好きでな。毎晩、かみさんと（かみさんも、もう76だがな）小さな徳利に入れた酒を熱燗にしてな、それを持って庭に出て、古い木の腰掛けに座るんだ。夕焼けを見て、柿の木の様子を見るんだよ。わしのひい爺さんが植えた木でな、こないだの冬の嵐でだいぶやられたから、元気になったかどうか気になってな。だけど、心配したほどじゃない。土がよくないわりに、元気にしとる。酒を持って夕涼みに出てそいつを眺めるのが楽しみでな——雨が降ってもな！」老人は目を輝かせて労務者を見上げた。

　男が老人の話をなんとか理解しようとするうち、その顔が和らぎはじめた。そして、その握りこぶしがゆっくりと緩んでいった。「ああ」男は言った。「おれも柿は好きだな……」声も小さくなっていった。

「そうか」と老人はほほえみながら言った。「それじゃ、お前さんにもいい奥さんがいるんだろうな」

「いいや」と労務者は答えた。「女房は死んじまった」電車の揺れに合わせて体を揺らしながら、その大男は静かに泣き出した。「女房もいねえ、帰る家もねえ、仕事もねえ。自分が情けなくてよ」涙

語注

■ **fleck**「しずく」　■ **spittle**「つば」　■ **spattered**「はねかかった」　■ **gratifying**「愉快な」。「喜ばせる」の意の動詞 gratify の現在分詞形が形容詞として定着したもの。　■ **eyes twinkling**「目をきらきらと輝かせて」。独立分詞構文。　■ **unclenched**「（こぶしが）ゆるんだ」。unclench は、clench「（こぶしを）握りしめる」の反対。　■ **trailed off**「次第に弱まった」

gently, swaying with the motion of the train, the big man began to sob. "I don't got no wife, I don't got no home, I don't got no job. I'm so ashamed of myself." Tears rolled down his cheeks, a spasm of despair rippled through his body.

As I stood there in my well-scrubbed youthful innocence, my make-this-world-safe-for-democracy righteousness, I felt dirtier than he was.

Then the train arrived at my stop. As the doors opened, I heard the old man cluck sympathetically. "My, my," he said, "that is a difficult predicament indeed. Sit down here and tell me about it."

I turned my head for one last look. The laborer was sprawled on the seat with his head in the old man's lap. The old man was softly stroking the filthy, matted hair.

As the train pulled away, I sat down on a bench in the station. What I had wanted to do with muscle had been accomplished with kind words. I had just seen aikido in action, and the essence of it was love. I would have to practice the art with an entirely different spirit. It would be a long time before I could speak about the resolution of conflict.

がその頬を伝い、絶望の波がその体を震わせていた。

　きれいに洗われた若き日の無邪気な心と「民主主義を守り抜こう」的な正義感を抱えたままそこに立ち尽くした私は、自分がこの男よりも汚れた存在なのではないかと感じた。

　そして、電車は私が降りるべき駅に到着した。ドアが開いたとき、男をなだめる老人の声が聞こえた。「そうか、そうか」と老人は言った。「そりゃほんとに大変だったなあ。ここに座って、もっと話を聞かせてくれ」

　私は振り返り、二人に最後の一瞥を与えた。労務者は座席の上に体を投げ出し、老人の膝に頭を置いていた。老人は、その汚い、もつれた髪を優しく撫でていた。

　電車が出ていくとき、私は駅のベンチに腰を下ろした。私が腕力でやろうとしたことが、優しい言葉によって見事に達成されたのである。私はまさに合気道の実践を見たのであり、その真髄は愛であった。まったく違う気持ちで稽古をしなければならないのだ。どうやって争いを治めるかを語るには、まだまだ修行が足りない。

語注

- **spasm**「けいれん、発作」の意だが、ここでは突然襲ってきた感情の波を表している。
- **well-scrubbed**「十分に洗われた」
- **make-this-world-safe-for-democracy** 'Make this world safe for democracy'「民主主義にとって安全な世界を作れ」という命令文中の単語同士をハイフンでつなぎ、全体を次の righteousness「正義感」にかかるひとつの形容詞にしている。
- **cluck** 元来は、コッコッという鳴き声を表わす擬音語だが、ここでは人をなだめるときの声を表わしている。
- **predicament**「苦境、窮状」
- **sprawled**「手足を伸ばして広がった」
- **matted**「もつれた」
- **pulled away**「(ある場所から) 離れた」

さらに知りたい人のために

邦訳
『こころのチキンスープ──愛の奇跡の物語』
（木村真理・土屋繁樹 訳、ダイヤモンド社）

　ベストセラー・シリーズ第1弾の邦訳が本書。「もうひとつの道」(Another Way) を含め英語版の話がすべて収録されているわけではないが、読みごたえはたっぷりあり、涙腺が緩むのは間違いない。

part

II

生きる喜び

chapter 5

The Story of My Life

奇跡の人 ヘレン・ケラー自伝

Helen Keller
ヘレン・ケラー

その生きた言葉が私の魂を呼び覚まし、それに光と
希望と喜びと自由を与えてくれたのである！

That living word awakened my soul, gave it light, hope, joy, set it free!

—Helen Keller, *The Story of My Life*

作者と作品について

　ヘレン・ケラー（1880–1968）を知らない人はまずいないであろう。懸命の努力によって「三重苦」の逆境に打ち勝った「奇跡の人」である。

　彼女は1歳半のときにかかった熱病が元で視覚と聴覚を失い、その将来を絶望視されたものの、家庭教師アン・サリヴァンの懸命の教育によって言葉を覚えた。以後、厳しさのなかにも優しさを秘めたサリヴァン先生の教育を受けて学問を身につけた彼女は、マサチューセッツ州ケンブリッジにある名門女子大のラドクリフ・カレッジ（現在はハーヴァード大学の一部）に入学し、そこを優秀な成績で卒業した。卒業後、彼女は障害者救済のために精力的な執筆・講演活動を行って歩いた。日本にも1937（昭和12）年、48年、55年の3度来訪している。社会福祉法人東京ヘレン・ケラー協会の解説によれば、「とくに1948年の際は、敗戦で打ちひしがれた日本国民の熱狂的歓迎を受け、全国各地で講演して回り、これが2年後の身体障害者福祉法制定となって実り、東京ヘレン・ケラー協会もそのとき集まった募金を基に創設され」たという（同協会のホームページより）。世界中の障害者に勇気と希望を与えたヘレン・ケラーは、68年、87歳で死去し、その遺体はワシントン大聖堂の地下に葬られた。

　彼女の人生における重要な転回点として、「水」（ウォーター）という単語の学習を通じて言葉の働きを理解した日（1887年4月5日）の出来事がよく知られている。引用文は、ヘレン・ケラーの自伝中、それに関する彼女自身の回想箇所から採った。映画

などでは劇的な映像で表現されている出来事だが、本人にとってみれば、それは暗闇のなかで起こった不思議な精神的事件である。この一節は、次章に掲げるサリヴァン先生の手紙と照らし合わせて読むといっそう興味深い。

音読のポイント

この一節は、すでに英語という言語を完璧に習得した語り手としてヘレン・ケラーが、健常者とは違った形で言語習得の転回点を迎えた自分自身について語るという構成になっている。したがって、語り手の描写的文体で淡々と読んでしまっては、この場面がヘレンの人生において持つ意味合いがうまく伝わらない。最初は、盲人が手探りをするように訥々と、そして次第に周りの物事が頭のなかで像を結ぶさまを伝えるかのように調子を上げながら読んでいくといいだろう。最初のほうに出てくる"d-o-l-l"、"m-u-g"、"w-a-t-e-r"は、それぞれひとつの単語として読むのでなく、アルファベットに分解してゆっくり読むこと。

CD5

One day, while I was playing with my new doll, Miss Sullivan put my big rag doll into my lap also, spelled "d-o-l-l" and tried to make me understand that "d-o-l-l" applied to both. Earlier in the day we had had a tussle over the words "m-u-g" and "w-a-t-e-r." Miss Sullivan had tried to impress it upon me that "m-u-g" is *mug* and that "w-a-t-e-r" is *water*, but I persisted in confounding the two. In despair she had dropped the subject for the time, only to renew it at the first opportunity. I became impatient at her repeated attempts and, seizing the new doll, I dashed it upon the floor. I was keenly delighted when I felt the fragments of the broken doll at my feet. Neither sorrow nor regret followed my passionate outburst. I had not loved the doll. In the still, dark world in which I lived there was no strong sentiment of tenderness. I felt my teacher sweep the fragments to one side of the hearth, and I had a sense of satisfaction that the cause of my discomfort was removed. She brought me my hat, and I knew I was going out into the warm sunshine. This thought, if a wordless sensation may be called a thought, made me hop and skip with pleasure.

We walked down the path to the well-house, attracted by the fragrance of the honeysuckle with which it was covered. Some one was drawing water

訳

　ある日、新しい人形で遊んでいたら、サリヴァン先生がぼろぼろになった大きな人形も一緒に私の膝にのせた。そして、d-o-l-l（人形）とつづってみせ、「人形」がそのどちらにも当てはまる言葉であることを私に理解させようとした。その日は、すでに m-u-g と w-a-t-e-r の2語をめぐってだいぶやりあっていた。サリヴァン先生は、m-u-g は「碗」であり、w-a-t-e-r は「水」であることを何とか理解させようとしたが、私にはそのふたつの違いがどうしてもわからなかった。どうしようもなくなった先生は、しばらくはその話題に触れずにいたが、このときとばかりにまたその授業を再開したのである。同じことの繰り返しにいらだった私は、新しい人形をつかんで床に投げつけた。それがバラバラになって足元に転がるのを感じたときには、じつに愉快であった。感情を爆発させたあとも、悲しみも後悔の念も湧いてこなかった。そもそも、その人形はさほど気に入っていなかった。私が生きていた静かで暗い世界には、優しさという温かい感情は存在しなかった。先生が人形の破片を暖炉の片側まで掃いていくのがわかり、私は不快の種がなくなったことに満足を感じた。先生が私の帽子を持ってきたので、これから暖かい陽光のなかに出ていくのだということを理解した。もっとも、言葉で言い表わせぬ感覚を「理解」と呼べるのかどうかははなはだ疑問だが、ともかくそれで私が大喜びしたことは事実である。

　私たちは、井戸小屋を覆うスイカズラの香りに引き寄せられるかのように、道を歩いて井戸のところまで行った。誰かが水を汲んで

語注

■ tussle「こぜりあい」　■ I persisted in confounding the two「私はそのふたつの違いをどうしても理解しなかった」。そのふたつとは、碗と水のこと。おそらくサリヴァン先生は、水の入った碗をヘレンに触れさせ、これが碗、これが水、と別々に教えようとしたのだろうが、ヘレンにとって、水の入った碗は、ひとつの「物」にすぎなかったということなのだろう。　■ outburst「爆発、噴出」　■ hearth「暖炉」　■ honeysuckle「スイカズラ」

and my teacher placed my hand under the spout. As the cool stream gushed over one hand she spelled into the other the word *water*, first slowly, then rapidly. I stood still, my whole attention fixed upon the motions of her fingers. Suddenly I felt a misty consciousness as of something forgotten—a thrill of returning thought; and somehow the mystery of language was revealed to me. I knew then that "w-a-t-e-r" meant the wonderful cool something that was flowing over my hand. That living word awakened my soul, gave it light, hope, joy, set it free! There were barriers still, it is true, but barriers that could in time be swept away.

I left the well-house eager to learn. Everything had a name, and each name gave birth to a new thought. As we returned to the house every object which I touched seemed to quiver with life. That was because I saw everything with the strange, new sight that had come to me. On entering the door I remembered the doll I had broken. I felt my way to the hearth and picked up the pieces. I tried vainly to put them together. Then my eyes filled with tears; for I realized what I had done, and for the first time I felt repentance and sorrow.

I learned a great many new words that day. I do not remember what they all were; but I do know that *mother, father, sister, teacher* were among them—words

おり、先生は私の手を注ぎ口のところに持っていった。冷たいものが片手の上に勢いよく流れ落ちてくるとき、先生はもう一方の手に、最初はゆっくり、次にすばやくwaterという文字を書いた。私はじっと立ち尽くしたまま、全神経をその指の動きに集中させた。突然私は、忘れていた何かを思い出すかのように、ぼんやりとした意識が脳裏に湧き上がるのを感じた——それは何かの観念が舞い戻ってくるような戦慄の感覚であり、なぜかそれによって言語の謎が解けた。そのとき私は、w-a-t-e-rが、手の上に気持ちよく注がれている冷たい何かを意味するのだということを知った。その生きた言葉が私の魂を呼び覚まし、それに光と希望と喜びと自由を与えてくれたのである！ たしかにまだ障壁はあったが、それは時がくれば取り払うことができるものであった。

　私は学習意欲に燃えて井戸小屋を後にした。あらゆるものに名前がついており、あらゆる名前が新しい想念を生んだ。家に戻ったとき、触るものすべてが息づいているかのように思われた。それは、私が獲得した不思議な新しい知覚に基づいてあらゆるものを見直しているからであった。扉を開けて中に入ったとたん、私はこわした人形のことを思い出した。私は手探りで炉辺に行くと、バラバラになった人形を拾った。そして、いたずらにそれをくっつけようとした。すると、涙があふれてきた。自分のしたことの意味を悟り、はじめて後悔の念にさいなまれて悲しくなった。

　その日、私は多くの語を学んだ。そのとき学んだ語が何であったかを完全に覚えてはいないが、そこには「お母さん」、「お父さん」、

語注

■ gushed「ほとばしった」 ■ a misty consciousness as of something forgotten「忘れていた何かを思い出すようなぼんやりとした意識」。consciousness of〜「〜の意識」のconsciousnessとofの間に、「〜のような」の意のasが入ったと考えるとわかりやすい。 ■ awakened「呼び起こした」 ■ quiver「ふるえる」 ■ repentance「後悔」

that were to make the world blossom for me, "like Aaron's rod, with flowers." It would have been difficult to find a happier child than I was as I lay in my crib at the close of that eventful day and lived over the joys it had brought me, and for the first time longed for a new day to come.

「妹」、「先生」のような——まるで「アロンの杖のように」私の回りの世界に花を咲かせることになる——言葉が含まれていた。いろいろなことが起きたその日の夜、私はベッドに横たわって一日の喜びを噛みしめ、はじめて新たな日の到来を待ち望んでいた。このとき私ほど幸せな子供は、世界中探してもなかなか見つからなかったろうと思う。

語注
■ Aaron's rod アロンはモーゼの兄でユダヤ教初の祭司長。蛇飾りの杖で奇跡を起こしたとされる。 ■ crib「(囲いつきの) 子供用ベッド」

さらに知りたい人のために

邦訳
『奇跡の人 ヘレン・ケラー自伝』
（小倉慶郎 訳、新潮文庫）

映画
『奇跡の人』
（監督：アーサー・ペン、
　主演：アン・バンクロフト、パティ・デューク）

　映画ではアン・バンクロフトがサリヴァン先生を、パティ・デュークがヘレンを熱演。それぞれ1962年度アカデミー賞主演女優賞と助演女優賞を受賞した。

chapter 6

Miss Sullivan's Letter

サリヴァン先生の手紙

Anne Sullivan

アン・サリヴァン

今朝、目覚めたヘレンは、まるで光り輝く妖精のようでした。

Helen got up this morning like a radiant fairy.
—Anne Sullivan, *'Anne Sullivan's letter of April 5, 1887 to the Perkins Institution'*

作者と作品について

　前章で紹介したヘレン・ケラーの奇跡を可能ならしめたのは、ヘレン本人の努力もさることながら、家庭教師アン・サリヴァン (1866–1936) の教育に負うところが大きい。彼女は、まずヘレンを従順にするところから教育を始め、次にその手のひらにアルファベットを書き、それに対応するものをヘレンに触れさせながら、言葉を教えていった。そして、教育を始めてひと月後、前章で見たとおりヘレンの精神に光が灯ったのである。

　ヘレンの三重苦とそれを克服するための努力の物語があまりに有名であるために、その陰に隠れて意外に知られていない事実だが、アン・サリヴァン自身、貧しいアイルランド移民の家庭に生まれた視覚障害者として、艱難辛苦の末に大成した人物である。彼女は、10歳のときにマサチューセッツ州テュークスベリーにある私設救貧院に送られ、虐待に耐えながら成長した。1880年、14歳でボストンのパーキンズ盲学校に入学、創設者のハウ博士の指導の下で教育を受けたのち、86年に同校を首席で卒業した。同じころ目の手術を受けて幾分視力を回復したらしい。卒業から半年後、彼女は盲学校から推薦されてヘレンの家庭教師となる。ヘレンを立派に育て上げた彼女は、1905年にハーヴァード大学教授のジョン・メイシーと結婚したのちも、ヘレンとともに過ごした。そしてヘレンの講演旅行にもついて回り、その活躍を陰で支えた。

　引用文は、彼女がパーキンズ盲学校の教師あてに書いた手

紙の一節で、前章の出来事を彼女の視点から描いたものである。

音読のポイント

音読の際の一般的な注意として、「文体」を意識する必要がある。とくに、音読しようとしている文章の語り手が誰なのか、その語り手がどのような視点から誰に対して、どのような言葉遣いを用い、どのような気持ちで語っているものなのかを理解しなくてはならない。

そう考えながらあらためて引用文を分析してみると、ここでは語り手たるサリヴァン先生が、盲学校の教師に対し、ヘレンの教育の進捗状況を報告している。最初は感動を抑え気味にして事実を述べているものの、やがて感動を抑えきれなくなる様子がよく表われている。そのあたりを意識し、最後の一文で感動が最高潮に達するような声音で読んでいただきたい。

CD6

April 5, 1887

I must write you a line this morning because something very important has happened. Helen has taken the second great step in her education. She has learned that *everything has a name, and that the manual alphabet is the key to everything she wants to know.*

In a previous letter I think I wrote you that "mug" and "milk" had given Helen more trouble than all the rest. She confused the nouns with the verb "drink." She didn't know the word for "drink," but went through the pantomime of drinking whenever she spelled "mug" or "milk." This morning, while she was washing, she wanted to know the name for "water." When she wants to know the name of anything, she points to it and pats my hand. I spelled "w-a-t-e-r" and thought no more about it until after breakfast. Then it occurred to me that with the help of this new word I might succeed in straightening out the "mug–milk" difficulty. We went out to the pump-house, and I made Helen hold her mug under the spout while I pumped. As the cold water gushed forth, filling the mug, I spelled "w-a-t-e-r" in Helen's free hand. The word coming so close upon the sensation of cold water rushing over her hand seemed to startle her. She dropped the mug and stood as one transfixed. A new light came into her face.

訳

　1887年4月5日——おはようございます。今日はどうしてもご報告申し上げたいことがあり、筆を執りました。ヘレンの教育において、ふたつ目の大きな進歩がありました。あらゆるものに名前がついていること、手話アルファベットを身につけることで欲しい知識が手に入ることをヘレンが学んだのです。

　前回お手紙を差し上げた際、ヘレンが何よりも「碗（マグ）」と「牛乳（ミルク）」の理解に苦しんでいることをご報告申し上げたと思います。そのふたつの名詞が、どうしても動詞の「飲む（ドリンク）」とごっちゃになってしまうのです。ヘレンは、「飲む」ことを表わす動詞を知らないものの、「碗（マグ）」か「牛乳（ミルク）」とつづるときには、いつも飲む動作をしていました。今朝、彼女は洗面をしながら、「水」を表わす名前を知りたがりました。何かの名前が知りたいときは、そのものを指差し、それから私の手を叩きます。そこで私は"w-a-t-e-r"とつづり、この件についてそれ以上何も考えぬまま、朝食が済みました。そのとき、もしかしたらこの新しい言葉を覚えることで、「碗（マグ）」と「牛乳（ミルク）」の混同の問題を解決することができるのではないかという考えが脳裏にひらめきました。そこで、二人で井戸小屋に出かけていき、注ぎ口の下のところでヘレンに碗を持たせ、水を汲み出しました。冷たい水が流れ出して碗の中に入り込んでいるとき、私は、空いているほうのヘレンの手に"w-a-t-e-r"とつづりました。冷たい水が手にかかる感覚と一緒に言葉を教えられたので、とても驚いたようです。ヘレンは碗を落とし、その場に立ちすくみました。

語注

■ **straightening out the "mug–milk" difficulty** "mug–milk" difficultyとは、その前に述べられているとおり、ヘレンが"mug"と"milk"のふたつの名詞を、動詞の"drink"と混同してしまう問題を指している。straighten outは、文字どおりには「まっすぐにする」の意だが、そこから転じて「(混乱・誤解などを)正す、解決する」の意にもなる。　■ **gushed forth**「勢いよく流れ出した」　■ **stood as one transfixed**「立ちすくんだ」。transfixは、「突き刺す、釘付けにする」の意味。ここでのtransfixedはoneにかかる過去分詞。

She spelled "water" several times. Then she dropped on the ground and asked for its name and pointed to the pump and the trellis, and suddenly turning round she asked for my name. I spelled "Teacher." Just then the nurse brought Helen's little sister into the pump-house, and Helen spelled "baby" and pointed to the nurse. All the way back to the house she was highly excited, and learned the name of every object she touched, so that in a few hours she had added thirty new words to her vocabulary. Here are some of them: *Door*, *open*, *shut*, *give*, *go*, *come*, and a great many more.

P.S.—I didn't finish my letter in time to get it posted last night; so I shall add a line. Helen got up this morning like a radiant fairy. She has flitted from object to object, asking the name of everything and kissing me for very gladness. Last night when I got in bed, she stole into my arms of her own accord and kissed me for the first time, and I thought my heart would burst, so full was it of joy.

そして、その顔に新たな光が宿りました。彼女は、何度か"w-a-t-e-r"とつづりました。そして地面に座り込んでそこの名前は何かと問いかけてきたかと思うと、次に井戸と格子を指差し、それから突然振り向いて私の名前を尋ねてきました。私は、「先生(ティーチャー)」とつづりました。ちょうどそのとき、お手伝いさんがヘレンの妹を連れて井戸小屋に入ってきましたが、ヘレンは「赤ちゃん(ベイビー)」とつづってお手伝いさんを指差しました。家に帰り着くまで彼女はずっと興奮しどおしで、手で触れたすべてのものの名前を覚えていき、数時間の間に、「戸(ドア)」、「開ける(オープン)」、「閉める(シャット)」、「与える(ギヴ)」、「行く(ゴー)」、「来る(カム)」をはじめ、30もの新しい語彙を習得しました。

　追伸。昨夜、この手紙を投函するのが間に合わなかったため、また新たにひとつご報告を申し上げます。今朝、目覚めたヘレンは、まるで光り輝く妖精のようでした。物から物へと飛び回り、あれこれと名前を尋ねては、とても嬉しそうに私に接吻をするのです。ゆうべ私が床に就いたとき、彼女は自分から私の腕のなかにそっと入り込んできて、はじめて接吻をしてくれたのですが、私は、嬉しさのあまり、胸が張り裂けてしまうのではないかと思いました。

語注

■ trellis「(木製の)四目格子」■ I spelled "Teacher." name を尋ねられたとあるから、一読すると、なぜ "Anne Sullivan" と答えないのかとの疑問が湧くかもしれないが、この一節で論じられている name が固有の名前ではなく、物事を指し示す概念、あるいは記号であることを理解すれば、サリヴァン先生の賢明な判断が見えてくる。
■ radiant fairy「光り輝く妖精」■ flitted「飛び回った」。flit は、軽やかに飛び回る動作を表現する動詞で、先の妖精のイメージを引き継いだ描写となっている。■ of her own accord of one's own accord は、「自発的に」の意の慣用句。■ so full was it of joy「歓喜で胸が一杯だった」。it [= my heart] was so full of joy が普通の語順だが、so full の部分を強調するためにこのような語順になっている。

さらに知りたい人のために

邦訳
『ヘレン・ケラーはどう教育されたか
　　　　　──サリバン先生の記録』
（明治図書出版）

　サリヴァン先生の手紙を通して、ヘレンの進歩を見つめる一冊。ヘレン・ケラーの自伝とはまた違った視点で、成長と教育の過程がつぶさに語られているのが興味深い。

chapter 7

The Conquest of Happiness
幸福論

Bertrand Russell
バートランド・ラッセル

自分自身にどっぷりと没入しすぎて不幸になっている人は、外に目を向けることによってのみ幸福に至ることができる。

External discipline is the only road to happiness for those unfortunates whose self-absorption is too profound to be cured in any other way.
—Bertrand Russell, *The Conquest of Happiness*

作者と作品について

　バートランド・ラッセル（1872–1970）は、祖父（ジョン・ラッセル、1792–1878）がヴィクトリア女王治世下で首相を務めるほどの名家に生まれたイギリスの数学者・哲学者。バートランド・アーサー・ウィリアム・ラッセル・サード・アール（第3代伯爵）というフル・ネームが、その家柄を物語っている。1872年にウェールズで生まれた彼は、2歳のときに母親を、4歳のときに父親を亡くしたのち、兄フランクとともに祖父のもとに預けられ、そこで孤独な少年時代を過ごした。幼いころから一人で学究的思索に耽っていた彼は、11歳ではじめてユークリッド幾何学を学んでから数学のとりことなり、90年にケンブリッジの名門トリニティ・カレッジに入学し、そこで本格的に数学を学んだ。以後、ケンブリッジの教職に就いてすぐれた論文や著作を次々と発表したが、第一次大戦中の反戦運動の故に追放された。以後、執筆と講演で生計を立てながら、精力的な啓蒙活動を繰り広げた。1944年、72歳にしてケンブリッジ大学に復帰、50年にはノーベル文学賞を受賞した。晩年は、核廃絶を訴えるデモの先頭に立つなど、平和運動に力を尽くした。70年、ウェールズにて98歳で死去。

　『幸福論』は一般向けの教養書であり、日本でもとくに英語学習者・英文学研究者の間で広く読まれた。昭和時代の英語の教科書、学習教材、参考書、模擬試験・入学試験にもっとも多くの例文を提供した著作だと言ってまず間違いあるまい。論理的・実証的な現状分析と、それにもとづく積極

的な問題解決法が本書の特色の一つとなっている。引用文は、本書第1章「人はなぜ不幸になるのか」から採った。

音読の ポイント	以下の文章は、ラッセルが定職に就かず、執筆・講演活動で収入を得ながら汲々として実験学校の経営に当たっているときに書いたものである。だが、その口吻はじつに堂々としていて、功成り名遂げたラッセル晩年の筆かと勘違いしてしまいそうになる。音読にあたっては、不幸の何たるか、幸福の何たるかを理路整然と論じる数理哲学者の姿を思い浮かべながら、明るく、堂々たる声音で読むこと。

Perhaps the best introduction to the philosophy which I wish to advocate will be a few words of autobiography. I was not born happy. As a child, my favorite hymn was: "Weary of earth and laden with my sin." At the age of five, I reflected that, if I should live to be seventy, I had only endured, so far, a fourteenth part of my whole life, and I felt the long-spread-out boredom ahead of me to be almost unendurable. In adolescence, I hated life and was continually on the verge of suicide, from which, however, I was restrained by the desire to know more mathematics. Now, on the contrary, I enjoy life; I might almost say that with every year that passes I enjoy it more. This is due partly to having discovered what were the things that I most desired, and having gradually acquired many of these things. Partly it is due to having successfully dismissed certain objects of desire—such as the acquisition of indubitable knowledge about something or other—as essentially unattainable. But very largely it is due to a diminishing preoccupation with myself. Like others who had a Puritan education, I had the habit of meditating on my sins, follies, and shortcomings. I seemed to myself—no doubt justly—a miserable specimen. Gradually I learned to be indifferent to myself and my deficiencies; I came to center my

訳

　これから持論を展開していくに当たり、まずは私自身の人生経験についてお話しするのが一番わかりやすいと思う。私は、生まれついての幸福者ではない。子供時代、「大地に疲れて罪を背負い」という賛美歌を好んでいたくらいである。5歳のとき、人生70年とすると、いまのところ生涯の14分の1を耐え忍んだに過ぎないと考えた。そして、目の前に広がっている退屈な日々がとても耐えられそうにないと感じた。思春期には人生を忌まわしいものと考えていたが、かろうじて自殺せずに済んだのは、数学に対する理解を深めたいと思ったからにほかならない。いまでは、逆に人生が楽しくてたまらない。年が過ぎ行くごとに楽しくなっていると言ってもいい。それは、自分がどのようなものを望むかがわかってきたためでもあり、その多くを手に入れることができるようになったためでもある。また、さまざまなことについて、本質的に手の届かないところにある確実な知識を得ようというような高望みを止めることができたことも大きい。だが、最も大きな要因は、次第に自分以外のことに目が向くようになったことである。清教徒的な教育を受けたほかの人たち同様、私もついつい自分の罪悪、愚行、欠点などについて深く考え込んでしまう。そうすると、自分が——うべなるかな——惨めな人間の代表に思えてきたものだ。そのうち、私は次第に自分自身について、そして自分の欠点についてあまり思い悩まなくなる

語注

- **advocate**「主張する、唱道する」 ■ **laden with**〜「〜を担った、〜で苦しんでいる」。laden は、動詞 lade の過去分詞形。 ■ **reflected**「熟考した、よく考えた」
- **adolescence**「思春期、青春期」 ■ **on the verge of**〜「いまにも〜しようとして(いる)」。verge は、「縁、端、瀬戸際」の意。 ■ **on the contrary**「逆に、その反対に」
- **due (partly) to**〜「(部分的に、一部)〜を原因とする、〜による」 ■ **indubitable**「疑う余地のない(ほど確かな)」 ■ **a diminishing preoccupation with myself** 直訳すれば「自分自身への弱まりゆく没頭」、つまり、自分自身にこだわることが次第に少なくなって外に目が行くようになったということ。 ■ **no doubt justly** I seemed to myself a miserable specimen「私が自分にとって惨めな人間の代表に見える」という文に挿入された卑下の表現で、「たしかに自分はつまらない人間なのだから、それももっともなのだけれど」という意味合いを持っている。

attention increasingly upon external objects: the state of the world, various branches of knowledge, individuals for whom I felt affection. External interests, it is true, bring each its own possibility of pain: the world may be plunged in war, knowledge in some direction may be hard to achieve, friends may die. But pains of these kinds do not destroy the essential quality of life, as do those that spring from disgust with self. And every external interest inspires some activity which, so long as the interest remains alive, is a complete preventive of *ennui*. Interest in oneself, on the contrary, leads to no activity of a progressive kind. It may lead to the keeping of a diary, to getting psychoanalyzed, or perhaps to becoming a monk. But the monk will not be happy until the routine of the monastery has made him forget his own soul. The happiness which he attributes to religion he could have obtained from becoming a crossing-sweeper, provided he were compelled to remain one. External discipline is the only road to happiness for those unfortunates whose self-absorption is too profound to be cured in any other way.

術を学んだ。世界情勢とか、いろいろな学問分野とか、好意を感じる人とか、そういう外界の物事に注意を集中することができるようになったからである。もちろん、外界の物事に興味を持てば、それぞれにまた苦痛の種がある。世界が戦争状態にあることもあれば、ある方面の知識が得難い可能性もある。友人の死に向き合わねばならぬこともあるだろう。だが、そのような苦しみは、自己への嫌悪感から生じる苦しみと違って、けっして人生の本質的な部分を損ないはしない。そして、外界の物事に対する興味は、それが心の底から湧き出てくる限り、何らかの活動を誘発し、それによって退屈(アンニュイ)をしっかりと防いでくれる。逆に、自分に対する興味は、何ら前向きな活動に結びつかない。それに導かれて日記をつけたり、精神分析を受けたり、あるいは僧侶になったりすることはあるかもしれない。だが、僧侶が幸せになるのは、寺院における日々の修行によって解脱をしたときであろう。彼が宗教の力で得られると考える幸福は、交差点の掃除夫たることを運命づけられた人間でも得ることができるものだ。自分自身にどっぷりと没入しすぎて不幸になっている人は、外に目を向けることによってのみ幸福に至ることができる。

語注

- **plunged**「〈ある状態に〉投げ込む」の意の動詞 plunge の過去分詞形。
- **crossing-sweeper**「(昔の) 交差点の掃除夫」 ■ **self-absorption**「自己への没入」

さらに知りたい人のために

邦訳
『ラッセル 幸福論』
(安藤貞雄 訳、岩波文庫)

　1930年に出版された本作は、ラッセルが定職に就かず、汲々として実験学校(ビーコン・ヒル・スクール)の経営に当たっているときに書いたものである。

part

III

平和への想い

chapter 8

"What Do <u>You</u> Care What Other People Think?"

「困ります、ファインマンさん」

Richard P. Feynman
リチャード・P・ファインマン

未知の世界に向かってドアを少し開けておかなくてはいけない。

We must leave the door to the unknown ajar.
—Richard P. Feynman, *"What Do You Care What Other People Think?"*

作者と作品について

　リチャード・P・ファインマン (1918–1988) は、量子電磁力学を専門とするアメリカの物理学者である。1918年にニューヨークで生まれ、マサチューセッツ工科大学とプリンストン大学に学び、それぞれの大学で修士号と博士号を取得した。その後、コーネル大学、カリフォルニア工科大学などで教鞭を執った。理論上無限大となる計算値を実測値で有限化する「くりこみ理論」を提唱し、54年にアルバート・アインシュタイン賞、65年には量子電磁力学の発展に大きく貢献したことが評価され、ノーベル物理学賞を受賞した。

　本書に登場する他の二人のノーベル賞受賞者（ラッセル、アインシュタイン）同様、ファインマンもまた啓蒙家としての顔を持ち、一般大衆向けの本を書いている。そのなかでも、85年に発表した『「ご冗談でしょう、ファインマンさん」』(*"Surely You're Joking, Mr. Feynman!"*) は、意外性をはらんだ軽妙な随筆集として人気を博した。引用文は、その随筆集の続編とも言える『「困ります、ファインマンさん」』(88年) の最終章「科学の価値」(*'The Value of Science'*) から採った。

　次にあげるアインシュタインの演説同様、この引用文もまた科学と平和との関係を問題にしている。ただし、アインシュタインの演説が核兵器廃絶という明確な目標を持った、きわめて緊急性の高い呼びかけであるのに対し、引用文は、むしろ人間が（そして含意としては、科学が）ある特定の主義信条に荷担することの危険性を説いている。一見すると、

前者が具体的な行動を、後者が一種の判断停止を勧めているように見え、まったく逆のことを言っているかのように読めるかもしれないが、科学の誤用を厳しく戒めている点で、アインシュタインもファインマンもまったく同じ立場に立っている。

音読のポイント

音読する際には、取り立てて声を装う必要はない。自分の声で淡々と読めばいいだろう。ただし、途中、人類が自らに対して発する問いが自由直接話法で書かれている箇所があるので、そこだけは、自分が人類の代表になったような気分で、自らに難問をぶつけるような気分で読んでみるのも面白い。

なお、Part Ⅲ の教材たる3つの英文は、いままでのものよりもやや語彙的にも構文的にも難しくなっている。音読の際には、語句や構文の切れ目を意識して読むことも重要なので、よくわからない語句や構文が出てきたら、できるだけ辞書や文法書で構造を確認するようにしてほしい。

CD8

Nearly everyone dislikes war. Our dream today is peace. In peace, man can develop best the enormous possibilities he seems to have. But maybe future men will find that peace, too, can be good and bad. Perhaps peaceful men will drink out of boredom. Then perhaps drink will become the great problem which seems to keep man from getting all he thinks he should out of his abilities.

Clearly, peace is a great force—as are sobriety, material power, communication, education, honesty, and the ideals of many dreamers. We have more of these forces to control than did the ancients. And maybe we are doing a little better than most of them could do. But what we ought to be able to do seems gigantic compared with our confused accomplishments.

Why is this? Why can't we conquer ourselves?

Because we find that even great forces and abilities do not seem to carry with them clear instructions on how to use them. As an example, the great accumulation of understanding as to how the physical world behaves only convinces one that this behavior seems to have a kind of meaninglessness. The sciences do not directly teach good and bad.

Through all ages of our past, people have tried to fathom the meaning of life. They have realized that

訳

　ほとんどすべての人が戦争を嫌っている。今日の私たちの夢は、平和の実現である。平和のなかでこそ、人は自分が持っているとおぼしき可能性を最大限に引き出すことができるのだ。だが、おそらく未来の人たちは、平和も良し悪しであることを知るだろう。たぶん、平和になると、退屈で酒を飲むようになる。すると、今度は、飲酒が最大の問題となる。自分の能力が十分に生かせないのは酒のせいだと思えてくるだろう。

　もちろん、平和は大きな力である——同じように、しらふも、財力も、意思疎通の能力も、教育も、誠意も、そして多くの夢想家たちの理想も、すべて大きな力に違いない。私たちは、古代人よりも多くの力を手中に収めている。そして、古代人たちよりは多少うまくやっているかもしれない。だが、私たちが自分の力でやらなくてはいけないことは、いままでがむしゃらに成し遂げてきたことに比べ、あまりに膨大に見える。

　これは一体なぜなのだろう。なぜ私たちは己に克つことができないのだろう。

　それは、たとえ大きな力や技量を有していたとしても、どうやらそれをどう使うかについての明確な指示が与えられていないことを知ったからである。たとえば、物理的な世界がどのような動きをするかについて膨大な研究がなされてきた結果何がわかったかといえば、その振る舞いがどうやら意味を持っていないらしいということだけ。科学は、直接的に善悪を教えてくれるものではないのだ。

　過去のあらゆる時代を通じ、人々は人生の意味を理解しようとしてきた。そして、自分たちの行動に何らかの方向性か意味が与えら

語注

■ sobriety「しらふ（であること）」■ gigantic「巨大な、膨大な」■ accumulation「蓄積」■ …convinces one that ～「…を見ると～と思わざるを得ない」■ fathom「測る、理解する」

if some direction or meaning could be given to our actions, great human forces would be unleashed. So, very many answers have been given to the question of the meaning of it all. But the answers have been of all different sorts, and the proponents of one answer have looked with horror at the actions of the believers in another—horror, because from a disagreeing point of view all the great potentialities of the race are channeled into a false and confining blind alley. In fact, it is from the history of the enormous monstrosities created by false belief that philosophers have realized the apparently infinite and wondrous capacities of human beings. The dream is to find the open channel.

What, then, is the meaning of it all? What can we say to dispel the mystery of existence?

If we take everything into account—not only what the ancients knew, but all of what we know today that they didn't know—then I think we must frankly admit that *we do not know.*

But, in admitting this, we have probably found the open channel.

This is not a new idea; this is the idea of the age of reason. This is the philosophy that guided the men who made the democracy that we live under. The idea that no one really knew how to run a government led

れれば、人間の持つ大きな力が発揮されると悟ったのだ。だから、人の営みの意味という問題に対して多くの答えが示されてきた。だが、その答えはあまりに多岐にわたり、ある答えの提示者は、別の答えの正しさを信じる人たちの行動を恐怖の眼差しで見てきた——なぜ恐怖の眼差しかというと、意見を異にする人間の観点からすれば、人類の大いなる潜在能力が狭くて暗い袋小路に迷い込んでいくように見えるからである。もっとも、間違った信念が作り出した怪物たちが大暴れした歴史があるからこそ、どうやら人間は驚くべき能力を無限に持っているらしいということを哲学者たちは学んできたのだ。肝心なのは、それを正道に導くこと。

ならば、人の営みの意味とはいったい何なのか。人間存在の謎を取り去るにはどうすればいいのか。

あらゆること——古代人が知っていたことだけでなく、彼らが知らず、今日私たちが知っていることも含め——を考慮すると、どうやら素直に認めざるを得ないようだ。私たちにはわからない、と。

だが、それを認めさえすれば、そこに正道が見えてきたのではないか。

これは何も新しい思想ではない。これは、理性の時代の思想である。私たちの生活を守る民主主義を作り上げた人たちを導いた哲学である。政府を正しく運営する仕方など本当は誰にもわからないという発想が、新しい思想を発展させ、試し、必要とあらば捨て去っ

語注

■ **unleashed**「解放する」の意の動詞 unleash の過去分詞形。■ **proponents**「提案者、支持者」■ **the race**「人類」■ **channeled into ~**「〜に流されて」■ **it is from ...that philosophers have realized ~** 書き換えれば、Philosophers have realized 〜 from...「哲学者たちは…から〜を学んできた」の from 以下を強調するための、いわゆる〈It 〜 that の強調構文〉。■ **open channel** 直訳すれば「開かれた水路」。その前の all the great potentialities...are channeled into a false and confining blind alley に始まる一貫した比喩で、人間の能力を導く方策が「管」あるいは「路」にたとえられている。■ **dispel**「追い払う」

to the idea that we should arrange a system by which new ideas could be developed, tried out, and tossed out if necessary, with more new ideas brought in—a trial-and-error system. This method was a result of the fact that science was already showing itself to be a successful venture at the end of the eighteenth century. Even then it was clear to socially minded people that the openness of possibilities was an opportunity, and that doubt and discussion were essential to progress into the unknown. If we want to solve a problem that we have never solved before, we must leave the door to the unknown ajar.

てさらに新しい思想を持ち込むことができるような試行錯誤の体系を作り上げるべきだ、という発想を生んだ。そのような方法論は、すでに18世紀の終わりに科学的な冒険がうまく行なわれていたことの結果として生まれたものである。その当時でさえ、社会を見据えた人たちにとって開かれた可能性は機会を与えるものであり、未知の世界に向かっての前進には懐疑と議論が不可欠であることが明らかであった。それまで解決できなかった問題を解決するには、未知の世界に向かってドアを少し開けておかなくてはいけないのである。

語注

■ tossed out「捨てられる」■ trial-and-error「試行錯誤の」。3語をハイフンでつないで1語の形容詞にしている。■ venture「冒険」■ ajar「(戸、ドアが)少し開いて(いる)」

さらに知りたい人のために

邦訳
『「困ります、ファインマンさん」』
（大貫昌子 訳、岩波文庫）

　ファインマン像が鮮明に浮かび上がる一冊。早くに亡くした妻とのエピソードや、スペースシャトル「チャレンジャー号」爆発事故の事故調査委員会のメンバーとして、いかに原因を究明したかの顛末が描かれている。

chapter
9

Out of My Later Years
アインシュタイン 晩年に想う

Albert Einstein
アルバート・アインシュタイン

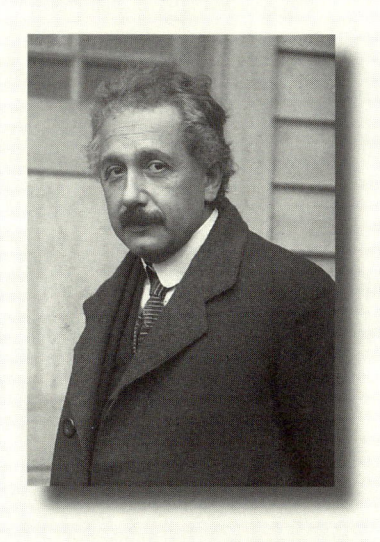

勝利は得たものの、平和は得られていないのであります。

The war is won, but the peace is not.

—Albert Einstein, *Out of My Later Years*

作者と作品について

　20世紀最高の科学者は誰かと問われたら、ほとんどの人はアルバート・アインシュタイン（1879–1955）の名前を挙げるのではないか。そして、彼の最大の功績は何かと問われれば、すぐに「相対性理論」の名が——それを理解しているかどうかは別にして——出てくるであろう。それほどまでに、彼の偉業はあまねく人口に膾炙している。ペロリと舌を出したもじゃもじゃ頭の彼の写真も、我々の脳裏に焼きついている。

　アインシュタインは、1879年、ドイツのユダヤ人家庭に生まれた。チューリヒのスイス連邦工科大学で学び、卒業してしばらくアルバイトで食いつないだのち、1902年にベルンの特許局技師となった。05年に重要な論文を次々に発表、07年には有名な $E=mc^2$ の公式を発表した。以後、プラハ大学、スイス連邦工科大学、ベルリン大学において教職に就き、33年、ナチスの支配するドイツを逃れてアメリカに渡った。この間、21年にノーベル物理学賞を受賞しているが、受賞理由は意外なことに相対性理論の構築ではなく、「光電効果の発見」であった。渡米後はプリンストン高等学術研究所で教鞭を執り、物理学の発展に大いに尽力したのち、55年、プリンストンで没した。

　アインシュタインには、平和主義者としてのもうひとつの顔がある。ナチスに対抗するために一時はルーズベルト大統領に原爆の開発を勧告したこともあったが、第二次世界大戦後は一貫して平和運動を展開し、55年には、バートランド・

ラッセル(第7章参照)らとともに「ラッセル＝アインシュタイン宣言」を発表して、核兵器の廃絶を訴えた。引用文は、45年10月にニューヨークのホテル・アスターで催されたノーベル賞記念晩餐会での演説の一部である。

音読の ポイント

引用文を音読するにあたって、気をつけるべきは次の2点。まず、これが演説であるということ。したがって、多数の聴衆の存在を意識し、自分が有名人であるという自覚を持って読んでいただきたい。ふたつ目は、演説の内容。これは、観客を笑わせて宴会を盛り上げる類のスピーチではない。世界平和を実現するために物理学者が何をすべきかを説いた、緊急性のある訴えかけなのである。その2点に注意し、下腹部から押し上げるような力強い声で読み上げるといいだろう。

CD9

Physicists find themselves in a position not unlike that of Alfred Nobel. Alfred Nobel invented the most powerful explosive ever known up to his time, a means of destruction par excellence. In order to atone for this, in order to relieve his human conscience, he instituted his awards for the promotion of peace and for achievements of peace. Today, the physicists who participated in forging the most formidable and dangerous weapon of all times are harassed by an equal feeling of responsibility, not to say guilt. And we cannot desist from warning, and warning again, we cannot and should not slacken in our efforts to make the nations of the world, and especially their governments, aware of the unspeakable disaster they are certain to provoke unless they change their attitude toward each other and toward the task of shaping the future. We helped in creating this new weapon in order to prevent the enemies of mankind from achieving it ahead of us, which, given the mentality of the Nazis, would have meant inconceivable destruction and the enslavement of the rest of the world. We delivered this weapon into the hands of the American and the British people as trustees of the whole of mankind, as fighters for peace and liberty. But so far we fail to see any guarantee of peace, we do not see any guarantee of the freedoms that were

訳

　物理学者というものは、多かれ少なかれアルフレッド・ノーベルと同じようなジレンマに悩むものです。アルフレッド・ノーベルは、当時としては最強の、圧倒的な破壊力を持つ爆薬を発明しました。その罪をあがない、自らの人間としての良心を救い上げようとして、彼は、平和を奨励し、平和を達成するために、この賞を創設しました。こんにち、空前絶後の破壊力を持つ、恐ろしい、危険な兵器の製作に関わった物理学者たちは、罪悪感とは言わないまでも、同じような自責の念にさいなまれています。そして、私たちは警告をあきらめてはいけません。何度も警鐘を鳴らさなくてはなりません。世界の国々に、とくにその政府に目を覚ましてもらうための努力を怠ってはいけません。国どうしがお互いに対して、未来を作り上げる仕事に対してこのまま態度を変えない限り、言葉では言い表わせぬほどの惨状が確実にこの世にもたらされるのだということに気づいてもらわなくてはなりません。私たち物理学者は、この新しい兵器を作るのに手を貸してしまいました。それは人類の敵がそれを先に手に入れるのを防ぐためでした。ナチスの精神性を考慮した場合、彼らがそれを手に入れていたら、ほかの国々にとてつもない破壊と隷属をもたらすことになっていたでしょう。私たちは、この兵器をアメリカ人とイギリス人に手渡しました。彼らを全人類の保証人として、平和と自由の闘士と信じてのことです。しかしながら、いままでのところ、平和が誕生する確証は得られていない。大西洋憲章の中でその加盟国に約束されたような自由がもたらされ

語注

■ the most powerful explosive ダイナマイトのこと。■ par excellence「最優秀の」■ atone for ~「~をあがなう、~の罪滅ぼしをする」■ conscience「良心」■ forge「（鉄を鍛えて）造る、創り出す」■ the most formidable and dangerous weapon of all times 核兵器のこと。■ not to say ~「~とは言えないまでも」■ desist from ~「~を思いとどまる、断念する」■ slacken「怠る、なまける」■ provoke「引き起こす」■ given ~「~を考慮すると」■ inconceivable「想像も及ばない」■ trustee「受託者、保管人」

promised to the nations in the Atlantic Charter. The war is won, but the peace is not. The great powers, united in fighting, are now divided over the peace settlements. The world was promised freedom from fear, but in fact fear has increased tremendously since the termination of the war. The world was promised freedom from want, but large parts of the world are faced with starvation while others are living in abundance. The nations were promised liberation and justice. But we have witnessed, and are witnessing even now, the sad spectacle of "liberating" armies firing into populations who want their independence and social equality, and supporting in those countries, by force of arms, such parties and personalities as appear to be most suited to serve vested interests. Territorial questions and arguments of power, obsolete though they are, still prevail over the essential demands of common welfare and justice...

The picture of our postwar world is not bright. So far as we, the physicists, are concerned, we are no politicians and it has never been our wish to meddle in politics. But we know a few things that the politicians do not know. And we feel the duty to speak up and to remind those responsible that there is no escape into easy comforts, there is no distance ahead for proceeding

る保証はどこにも見当たらない。勝利は得たものの、平和は得られていないのであります。力を合わせて戦った列強たちは、いまや和平工作をめぐって分裂しています。世界は恐怖から解き放たれるはずだったのに、実際には、戦争終結後、すさまじい勢いで恐怖が募っています。世界は窮乏から解き放たれるはずだったのに、その一部が富裕を楽しんでいる一方、他の大部分は飢えにあえいでいます。国々は自由と正義を約束されていたはずです。しかしながら、我々が目の当たりにしてきたものは、そしていままさに目の当たりにしているものは、「解放」軍が独立と社会的平等を求める人たちに発砲をし、その人たちの国々で武力を行使し、自分たちの既得権益を守るのにもっとも都合のいい集団や個人を支援するという悲しい図です。領土問題や権力争いははるか昔に済んだように見えますが、それはいまだにはびこり、公共の福祉や司法など、基本的に必要なものすらないがしろにされている状況です。(中略)

戦後の未来図は明るいものではありません。私たち物理学者について言えば、私たちは政治家ではありませんし、政治に口出ししたいと思ったことはありません。しかしながら、私たちは、政治家が知らないいくつかのことを知っています。そして、声を上げ、当事者たちに重要なことを知らしめる必要を感じています。安っぽい平安に逃げ込んではいけないということ、少しばかり歩を進め、永遠の未来を信じて変化を先送りしているような余裕がないというこ

語注

■ the Atlantic Charter「大西洋憲章」。米国大統領フランクリン・ルーズベルトと英国首相ウィンストン・チャーチルが、大西洋上での会談に基づき、1941年8月14日に発表した共同宣言。第二次世界大戦終結後の世界平和回復のための基本原則を定めたもの。■ termination「終結」■ vested interests「既得権益」■ obsolete「古くさい、時代遅れの」■ prevail over ~「~に勝る」■ So far as ~ are concerned「~に関するかぎり」。話の内容を限定するときに用いられる慣用表現。いまでは、冒頭の so の代わりに as のほうがよく用いられる。■ meddle in ~「~に干渉する、ちょっかいを出す」

little by little and delaying the necessary changes into an indefinite future, there is no time left for petty bargaining. The situation calls for a courageous effort, for a radical change in our whole attitude, in the entire political concept. May the spirit that prompted Alfred Nobel to create his great institution, the spirit of trust and confidence, of generosity and brotherhood among men, prevail in the minds of those upon whose decisions our destiny rests. Otherwise, human civilization will be doomed.

と、つまらない駆け引きをしている暇などはないのだということを伝える必要があるのです。英断を、私たちの態度の、そして政治理念全体の大きな方針転換を必要とする状況になっています。アルフレッド・ノーベルをして偉大なる賞を創設せしめた精神、信頼と自信の、お互いに対する寛容と友好の精神が、私たちの運命の鍵を握る人たちの間に広がっていくことを心から願っています。そうでないかぎり、人間の文明に未来はありません。

語注

■ petty「わずかな、小規模の」 ■ calls for 〜「〜を要求する、要する」 ■ May 〜 prevail「〜が世に広まりますように」。祈願文。 ■ doomed「運の尽きた」。「運命づける」の意の動詞 doom の過去分詞形。

さらに知りたい人のために

邦訳
『アインシュタイン 晩年に想う』
(中村誠太郎、南部陽一郎、市井三郎 訳、日本評論社)

　アインシュタインに関連した著作は数多くあるが、本書はアインシュタイン自身が晩年に行った講演や発表した文章を集めたものである。

chapter 10

All I Really Need to Know I Learned in Kindergarten

人生に必要な知恵はすべて幼稚園の砂場で学んだ

Robert Fulghum
ロバート・フルガム

私たちは大きなことはできません。ただ、大きな愛で小さなことをすればいいのです。

We can do no great things; only small things with great love.

—Robert Fulghum, *All I Really Need to Know I Learned in Kindergarten*

作者と作品について

　ロバート・フルガム(1937–)は、1937年生まれのアメリカの作家。テキサス州のウェーコという町で育ち、若き日にはどぶ掘り作業員、新聞配達人、牧場の手伝い、カウボーイ、フォーク歌手など職を転々とした。大学を出て、短期間だけIBMに勤めたのち、大学院に入って神学を学んだ。卒業後は、シアトルのユニテリアン派教会の牧師を務めながら、シアトルのレイクサイド・スクールで絵や哲学を教えたというから、何とも多才な人物だ。現在は、シアトル、ワシントン、クレタ島を拠点として、悠々自適の作家活動を楽しんでいるらしい。

　『人生に必要な知恵はすべて幼稚園の砂場で学んだ』は、もともと著者が友人や家族、あるいは教会の会衆に話をするときのために書きためた原稿を集めたものである。たまたまある小学校で印刷・配布されたそのうちの一編が出版関係者であった保護者の目に留まり、まとめて出版されることとなった。さりげない日常にひそむ真理をわかりやすく説いた本書は、たちまちベストセラーとなり、主要言語に翻訳され、世界各地で読まれ続けている。引用したのは、マザー・テレサの信仰と平和の理念を論じた章である。

音読の ポイント

　原著の出版経緯を見れば明らかなとおり、引用文は、もともと人前で読み上げることを前提として書かれた文章である。したがって、全体的に口語のリズムを意識しながら読む必要がある。また、著者本人が牧師であることも関係してか、内容的にも文体的にも、会衆を前にした説法を思わせる。

　個々の箇所について音読のコツを述べておこう。最初の段落は、まさにその内容どおり、ある人物にうんざりしているという雰囲気で読み出すのがいいだろう。第2段落は淡々と流し、第3、4段落は、話題の中心となっている人物の種明かしをしていくような気持ちでゆっくり読む。そこからは、説法を思わせる同一構文の繰り返しが増えるので、力強く、聴衆に対して畳みかけるような気持ちで読みたい。最後の3つの段落に現われるイタリック体が、対比や強調のために口調を強めて読むべき箇所を示していることにも注意すること。

CD10

There is a person who has profoundly disturbed my peace of mind for a long time. She doesn't even know me, but she continually goes around minding my business. We have very little in common. She is an old woman, an Albanian who grew up in Yugoslavia; she is a Roman Catholic nun who lives in poverty in India. I disagree with her on fundamental issues of population control, the place of women in the world and in the church, and I am turned off by her naïve statements about "what God wants." She stands at the center of great contradictory notions and strong forces that shape human destiny. She drives me crazy. I get upset every time I hear her name or read her words or see her face. I don't even want to talk about her.

In the studio where I work, there is a wash basin. Above the wash basin is a mirror. I stop at this place several times each day to tidy up and look at myself in the mirror. Alongside the mirror is a photograph of the troublesome woman. Each time I look in the mirror at myself, I also look at her face. In it I have seen more than I can tell; and from what I see, I understand more than I can say.

The photograph was taken in Oslo, Norway, on the tenth of December, in 1980. This is what happened there:

訳

　長い間、ある人にひどく精神の平安を乱されています。その人は私のことを知りもしないのに、やたらとこちらの仕事に絡んでくるのです。二人には、ほとんど何の共通点もない。その人はユーゴスラビアで育ったアルバニア人の老女で、ローマ・カトリックの修道女としてインドで貧しい生活を送っています。私は、人口抑制、教会内外における女性の地位などの基本的な問題に関する彼女の意見には賛成できず、その素朴な「神の随意に」発言にはうんざりしています。彼女は、人間の命運を形作る思想的対立や強力な政治力学のまっただ中に立っています。見ているだけで気が狂いそうになる。その人の名前を聞いたり、その言葉を読んだり、顔を見たりすると、そのたびに気が動転してしまいます。その人の話もしたくありません。

　私の仕事場に洗面台があります。その洗面台の上には鏡があります。私は、毎日何度かそこに立って身づくろいをし、鏡に映った自分の姿を見ます。その鏡の横に、その厄介な女性の写真が貼ってあります。だから、鏡で自分を見るたびに、その顔も見ることになる。いつもそこには、とても言葉では言い尽くせぬものがありました。そして、そこから、言葉で言い表わせぬほどのものを学ぶのです。

　その写真は、1980年の10月10日にノルウェイのオスロで撮られたものです。その土地で何があったかをお話しします。

　色あせた青いサリをまとい、すり切れた草履をはいた小柄で猫背の女性が、ある賞を受け取ったのです。それも、王様の手から。ダイナマイトを発明した人の遺志によって創設された賞です。ベル

語注

- turned off by 〜「〜にうんざりして」。turn off は、「いや気を起こさせる」の意。
- contradictory「矛盾した、相反する」　■ notions「観念、意向」　■ tidy up「身ぎれいにする」

A small, stooped woman in a faded blue sari and worn sandals received an award. From the hand of a king. An award funded from the will of the inventor of dynamite. In a great glittering hall of velvet and gold and crystal. Surrounded by the noble and famous in formal black and in elegant gowns. The rich, the powerful, the brilliant, the talented of the world in attendance. And there at the center of it all—a little old lady in sari and sandals. Mother Teresa, of India. Servant of the poor and sick and dying. To her, the Nobel Peace Prize.

No shah or president or king or general or scientist or pope; no banker or merchant or cartel or oil company or ayatollah holds the key to as much power as she has. None is as rich. For hers is the invincible weapon against the evils of this earth: the caring heart. And hers are the everlasting riches of this life: the wealth of the compassionate spirit.

To cut through the smog of helpless cynicism, to take only the tool of uncompromising love; to make manifest the capacity for healing humanity's wounds; to make the story of the Good Samaritan a living reality; and to live so true a life as to shine out from the back streets of Calcutta takes courage and faith we cannot admit in ourselves and cannot be without.

ベットを敷き詰め、あちらこちらに金と水晶を散りばめた輝かしい大広間での授賞式です。周りにいるのは、黒の正服や華麗なガウンをまとった貴族や名のある人たち。世界の大金持ち、権力者、著名人、才人たちが顔をそろえている。そして、その真ん中にいる、サリをまとって草履をはいた小柄で年を取った女性こそ、インドのマザー・テレサその人です。貧しき人たち、病める人たち、死にゆく人たちに奉仕する彼女に、ノーベル平和賞が授与されたのです。

　シャーでもない。大統領でもない。王様でも将軍でも科学者でも法王でもない。銀行家も、商人も、企業連合も、石油会社も、アヤトラも、彼女と同じ力を手に入れることはできません。彼女ほど裕福な人もいません。なぜなら、彼女はこの地上のすべての悪を滅ぼす最強の武器を持っているからです。それは、思いやりの心です。そして、この世で永遠になくなることのない富を有しています。それは、豊かな慈愛です。

　強い愛だけを携えて一面に渦巻く冷笑の霧のなかを独り進み、人類の傷を癒す力を示し、よきサマリア人の逸話を現実のものとし、カルカッタの貧民街から輝きを放つほどの誠の生き方を貫く。それには勇気と信念が必要です。とても自分の中にはないように思えるかもしれませんが、それは誰の心にも宿っているはずなのです。

語注

- stooped「前かがみの、猫背の」 ■ glittering「きらびやかな」。「光り輝く」の意の動詞 glitter の分詞形が形容詞として定着したもの。 ■ The rich, the powerful, the brilliant, the talented ～　ここでの the＋形容詞は、すべて「～な人たち」を表わす。 ■ in attendance「出席して（いる）」 ■ shah かつてのイラン国王の尊称。 ■ cartel「カルテル、企業連合」 ■ ayatollah イスラム教シーア派の高僧の尊称。 ■ invincible「無敵の」 ■ compassionate「あわれみ深い」 ■ To cut through...takes courage and faith we cannot admit in ourselves and cannot be without. 文頭から続く to 不定詞の構文が主語となり、それが勇気（courage）と信念（faith）を必要とする、と続く。courage and faith に続く we cannot の間に関係代名詞を補って考えるとわかりやすい。 ■ cynicism「冷笑、皮肉な態度」 ■ Good Samaritan「よきサマリア人」。強盗に襲われて窮地にあった旅人を、同郷人ではなく外国人であるサマリア人が助けたという逸話から、真の意味での「隣人愛」を象徴する。

I do not speak her language. Yet the eloquence of her life speaks to me. And I am chastised and blessed at the same time. I do not believe one person can do much in this world. Yet there she stood, in Oslo, affecting the world around. I do not believe in her version of God. But the power of her faith shames me. And I believe in Mother Teresa.

December in Oslo. The message for the world at Christmastide is one of peace. Not the peace of a child asleep in the manger of long ago. Nor the peace of a full dinner and a nap by the fire on December 25. But a tough, vibrant, vital peace that comes from the extraordinary gesture one simple woman in a faded sari and worn sandals makes this night. A peace of mind that comes from a piece of work.

Some years later, at a grand conference of quantum physicists and religious mystics at the Oberoi Towers Hotel in Bombay, I saw that face again. Standing by the door at the rear of the hall, I sensed a presence beside me. And there she was. Alone. Come to speak to the conference as its guest. She looked at me and smiled. I see her face still.

She strode to the rostrum and changed the agenda of the conference from intellectual inquiry to moral activism. She said, in a firm voice to the awed assembly:

私には、彼女の話す言語がわかりません。それでも、その生き様は、饒舌に私に訴えかけてきます。そして、私は叱られながら祝福を受けるのです。私は、この世で一人の人間にできることなど高が知れていると思っています。しかしながら彼女は、オスロという場所に立ち、まわりの世界に影響を与えていたのです。私は、彼女の神を信じてはいません。それでも、その信仰の力を前にして恥じ入るばかりです。そして、マザー・テレサその人を信じています。

　12月のオスロ。クリスマス季節を迎える世界に捧げるのは、平和への祈り。昔、かいば桶で眠った赤子の平和を祈るのではない。12月25日の平和な正餐と炉辺での眠りを願うのでもありません。この日の夜、色あせたサリをまとい、すり切れた草履をはいた一人の素朴な女性の驚くべき仕草から生まれる、力強く、生命力と活気にあふれた平和を祈るのです。ひとつの仕事から生まれる心の平安を祈るのです。

　数年後、ボンベイのオベロイ・タワー・ホテルで開かれた量子物理学者と宗教的神秘主義者たちの大きな会議の席上、あらためてその尊顔を拝しました。広間のうしろの扉近くに立っていた私は、傍らに誰かがいることを感じました。そう、そこに彼女が立っていました。たった独りで。会議の招待講師として来ていたのです。彼女は私の顔を見てニコッとほほえみました。そのときの顔がいまでも目に浮かびます。

語注

■ eloquence「雄弁、能弁」■ chastised「叱責された」■ I do not believe in her version of God. 直訳すれば、「私は、彼女が信じている形(版)での神様を信じてはいません」ということ。マザー・テレサの宗派がローマ・カトリックで、著者の宗派がユニテリアン(プロテスタントの一派)であることに注意。■ I believe in Mother Teresa　ただの believe〜ではなく believe in〜を使うと、「〜に全面的な信頼を置いている」という意味になる。■ Christmastide「クリスマス季節(クリスマス・イブから元日まで)」■ a child asleep in the manger「かいば桶で眠る子供」。厩(うまや)で生まれたイエス・キリストのこと。■ vibrant「震動する、活気に満ちた」■ rostrum「演壇」■ activism「(直接)行動主義」■ awed「畏敬の念を表わした」

"We can do no great things; only small things with great love."

The contradictions of her life and faith are nothing compared to my own. And while I wrestle with frustration about the impotence of the individual, she goes right on changing the world. While I *wish* for more power and resources, she *uses* her power and resources to do what she can do at the moment.

She upsets me, disturbs me, shames me. *What does she have that I do not?*

If ever there is truly peace on earth, goodwill to men, it will be because of women like Mother Teresa. Peace is not something you *wish* for; it's something you *make*, something you *do*, something you *are*, and something you *give away*!

彼女は演壇まで大股で歩いていき、知的探求から倫理行動主義へと会議の流れを変えてしまいました。そして、畏敬の目で自分を見つめる聴衆に向かって、力強い声でこう言ったのです。「私たちには大きなことはできません。ただ、大きな愛で小さなことをすればいいのです」

　彼女の生活と信仰の矛盾などは、私のそれと比べれば何でもありません。それに、私が個人の無力さをもどかしいと感じつつ悶え苦しんでいる間に、彼女は世界をどんどん変えているのです。私がより大きな力と資源を持ちたいと願っているときに、彼女は持てる限りの力と資源を使って、そのときできることを実行しているのです。

　私は困り果て、恥ずかしい気持ちで悩みます。いったい彼女は、私にはない何を持っているのだろう、と。

　もしもこの地上に真の平安が訪れ、男たちの心に善意が宿るとしたら、それはマザー・テレサのような女性の力によるものでしょう。平和は、願うものではありません。それは自分で作るものであり、実践するものであり、自分自身がそうであるべきものであり、そして自ら差し出すものなのです！

語注

■ men　あとの women との対比において、「男たち」を意味している。人間を総合的に指し示しているのでないことに注意。

さらに知りたい人のために

邦訳
『人生に必要な知恵はすべて幼稚園の
　砂場で学んだ』
（池 央耿 訳、河出書房新社）

　1989年に刊行され瞬く間にベストセラーとなった本書だが、2004年には改訂版が出版された。今回の引用は89年版から採用したが、04年版では若干の修正が施されている。変更点を読み比べてみるのも面白いかもしれない。

巻末 付録

音読の記録帳

「音読の記録帳」
記入の仕方

chapters
1–10
「音読の記録帳」

「音読の記録帳」記入の仕方

　本書では、ひとつの作品につき何回音読すればいいというような明確な指針は打ち出していない。とはいうものの、1回だけの音読で終わらせては大きな効果は期待できない。ひとつの作品につき、少なくとも2回は、「本書の使い方」(p.8) で示した学習方法に沿って音読練習をしていただきたい。

　その際、学習の記録としてこの「記録帳」を活用してもらいたい。音読したときの感想を書くことによって、次の学習への橋渡しとなることは間違いない。また、音読したときの感覚と、文章を目で追ったとき、耳で聴いたとき、さらには書き写したときの感覚はそれぞれ違っている。そういった感想も記録することによって、より深く作品を理解できるであろう。

■ 記録帳の基本構成

① **練習メニュー**──音読練習用として使用する場合の、基本的な使い方がまず示してある。個々人のレベルに合わせて、練習メニューを多少変更してもよい。
② **実施日**──音読練習を行った日を記入する。
③ **感想**──音読したときの感想を書く。「リズムに乗れてうまく音読することができた」、「感情を込めることができた」…など、何でもいいので、感じたことを書くとよい。

以上、1作品につき音読2回分の記録が書き込めるようになっているが、本書は他にも応用して活用できることから、「音読練習以外に使った記録」という、もうひとつ記録の欄を設けた。

④ **音読練習以外に使った記録**──読解練習、聴解練習、翻訳練習などで利用した場合は、この欄に感想や実施日を記入するとよい。

chapter 1
How to Win Friends and Influence People

人を動かす

by Dale Carnegie

① CDの朗読を聞く（1回）
② 和訳を読んで、内容を確認する（1回）
③ 英文を読む（1回）
④ 英文を見ながらCDを聞く（1回）
⑤ ものまね音読を繰り返す（複数回）

音読 1回目	実施日　月　日	時間　分

感想

音読 2回目　　　実施日　月　日　時間　分

感想

音読練習以外に使った記録　　実施日　月　日　時間　分

読解練習・聴解練習・翻訳・その他（　　　　　　　　　　）

感想

chapter 2

Gift from the Sea

海からの贈りもの

by Anne Morrow Lindbergh

① CDの朗読を聞く（1回）
② 和訳を読んで、内容を確認する（1回）
③ 英文を読む（1回）
④ 英文を見ながらCDを聞く（1回）
⑤ ものまね音読を繰り返す（複数回）

音読 1回目　　　実施日　月　日　時間　分

感想

音読 2回目　　実施日　月　日　時間　分

感想

音読練習以外に使った記録　　実施日　月　日　時間　分

読解練習・聴解練習・翻訳・その他（　　　　　　　　　　）

感想

chapter 3

Tuesdays with Morrie

モリー先生との火曜日

by Mitch Albom

① CDの朗読を聞く（1回）
② 和訳を読んで、内容を確認する（1回）
③ 英文を読む（1回）
④ 英文を見ながらCDを聞く（1回）
⑤ ものまね音読を繰り返す（複数回）

音読 1回目	実施日　月　日	時間　分

感想

音読 2回目   実施日　月　日　｜　時間　分

感想

音読練習以外に使った記録   実施日　月　日　｜　時間　分

読解練習・聴解練習・翻訳・その他（　　　　　　　　　　　　）

感想

chapter 4

Chicken Soup for the Soul

こころのチキンスープ

Jack Canfield and Mark Victor Hansen, eds.

① CDの朗読を聞く（1回）
② 和訳を読んで、内容を確認する（1回）
③ 英文を読む（1回）
④ 英文を見ながらCDを聞く（1回）
⑤ ものまね音読を繰り返す（複数回）

音読 1回目　　　実施日　月　日　｜　時間　分

感想

音読 2回目　　　実施日　月　日　｜　時間　分

感想

音読練習以外に使った記録　　実施日　月　日　｜　時間　分

読解練習・聴解練習・翻訳・その他（　　　　　　　　　　　）

感想

chapter 5
The Story of My Life
奇跡の人 ヘレン・ケラー自伝

by Helen Keller

① CDの朗読を聞く（1回）
② 和訳を読んで、内容を確認する（1回）
③ 英文を読む（1回）
④ 英文を見ながらCDを聞く（1回）
⑤ ものまね音読を繰り返す（複数回）

音読 1回目　　実施日　月　日　時間　分

感想

音読 2回目

実施日　月　日　｜　時間　分

感想

音読練習以外に使った記録

実施日　月　日　｜　時間　分

読解練習・聴解練習・翻訳・その他（　　　　　　　　　　）

感想

chapter 6
Miss Sullivan's Letter
サリヴァン先生の手紙

by Anne Sullivan

① CDの朗読を聞く（1回）
② 和訳を読んで、内容を確認する（1回）
③ 英文を読む（1回）
④ 英文を見ながらCDを聞く（1回）
⑤ ものまね音読を繰り返す（複数回）

音読 1回目　　　実施日　月　日　時間　分

感想

音読 2回目　　　実施日　月　日　｜　時間　分

感想

音読練習以外に使った記録　　実施日　月　日　｜　時間　分

読解練習・聴解練習・翻訳・その他（　　　　　　　　　　）

感想

chapter 7
The Conquest of Happiness
幸福論

by Bertrand Russell

① CDの朗読を聞く（1回）
② 和訳を読んで、内容を確認する（1回）
③ 英文を読む（1回）
④ 英文を見ながらCDを聞く（1回）
⑤ ものまね音読を繰り返す（複数回）

音読 1回目　　実施日　月　日　時間　分

感想

音読 2回目   実施日　月　日　｜　時間　分

感想

音読練習以外に使った記録   実施日　月　日　｜　時間　分

読解練習・聴解練習・翻訳・その他（　　　　　　　　　）

感想

chapter 8

"What Do You Care What Other People Think?"

「困ります、ファインマンさん」

by Richard P. Feynman

① CDの朗読を聞く（1回）
② 和訳を読んで、内容を確認する（1回）
③ 英文を読む（1回）
④ 英文を見ながらCDを聞く（1回）
⑤ ものまね音読を繰り返す（複数回）

音読 1回目　　実施日　月　日　時間　分

感想

音読 2回目   実施日　月　日　時間　分

感想

音読練習以外に使った記録   実施日　月　日　時間　分

読解練習・聴解練習・翻訳・その他（　　　　　　　　　　）

感想

chapter 9

Out of My Later Years
アインシュタイン 晩年に想う

by Albert Einstein

① CDの朗読を聞く（1回）
② 和訳を読んで、内容を確認する（1回）
③ 英文を読む（1回）
④ 英文を見ながらCDを聞く（1回）
⑤ ものまね音読を繰り返す（複数回）

音読 1回目　　実施日　月　日　時間　分

感想

音読 2回目　　実施日　月　日　｜　時間　分

感想

音読練習以外に使った記録　　実施日　月　日　｜　時間　分

読解練習・聴解練習・翻訳・その他（　　　　　　　　　　）

感想

chapter 10
All I Really Need to Know I Learned in Kindergarten

人生に必要な知恵はすべて幼稚園の砂場で学んだ

by Robert Fulghum

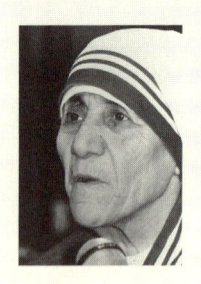

① CDの朗読を聞く（1回）
② 和訳を読んで、内容を確認する（1回）
③ 英文を読む（1回）
④ 英文を見ながらCDを聞く（1回）
⑤ ものまね音読を繰り返す（複数回）

音読 1回目　　実施日　月　日　時間　分

感想

音読 2回目   実施日　月　日　｜　時間　分

感想

音読練習以外に使った記録   実施日　月　日　｜　時間　分

読解練習・聴解練習・翻訳・その他（　　　　　　　　　　）

感想

著作権一覧

HOW TO WIN FRIENDS AND INFLUENCE PEOPLE
by Dale Carnegie
Copyright © 1936 by Dale Carnegie.
Copyright renewed © 1964 by Donna Dale Carnegie and Dorothy Carnegie.
Revised edition © 1981 by Donna Dale Carnegie and Dorothy Carnegie.
English reprint rights arranged with Simon & Schuster, Inc. through Japan UNI Agency, Inc., Tokyo.

GIFT FROM THE SEA, 50th Anniversary Edition
by Anne Morrow Lindbergh
Copyright © 1955, 1975 by Anne Morrow Lindbergh.
Copyright renewed 1983 © by Anne Morrow Lindbergh.
This edition published by arrangement with Pantheon Books, a division of Random House, Inc through The English Agency (Japan) Ltd.

TUESDAYS WITH MORRIE
by Mitch Albom
Copyright © 1997 by Mitch Albom.
English language reprint and straight reading rights arranged with Mitch Albom Inc. in care of David Black Literary Agency, Inc., New York through Tuttle-Mori Agency, Inc., Tokyo.

CHICKEN SOUP FOR THE SOUL
by Jack Canfield & Mark Victor Hansen, ed.
"Epilogue: A Soft Answer" from SAFE AND ALIVE by Terry Dobson
Copyright © 1982 by Terry Dobson.
Used by permission of Jeremy P. Tarcher, an imprint of Penguin Group (USA) through Japan UNI Agency, Inc., Tokyo.

THE STORY OF MY LIFE
by Helen Keller
Reprinted by permission of The Helen Keller Foundation.

THE CONQUEST OF HAPPINESS
by Bertrand Russell

Copyright © 1958 by Bertrand Russell.
Used by permission of W. W. Norton & Company Ltd.

WHAT DO <u>YOU</u> CARE WHAT OTHER PEOPLE THINK?
by Richard P. Feynman

Copyright © 1988 by Gweneth Feynman and Ralph Leighton.
Used by permission of W. W. Norton & Company Ltd. through Japan UNI Agency, Inc., Tokyo.

OUT OF MY LATER YEARS
by Albert Einstein

Copyright © by Hebrew University of Jerusalem, Israel.
English reprint and Japanese translation rights arranged with Albert Einstein Archives, Jewish National & University Library through Japan UNI Agency, Inc., Tokyo.

ALL I REALLY NEED TO KNOW I LEARNED IN KINDERGARTEN
by Robert Fulghum

Copyright © 1988 by Robert Fulghum.
Straight English reading used by permission of Patricia Van der Leun Associates, English reprint part used by permission of Ballantine Books, a division of Random House, New York through Japan UNI Agency, Inc., Tokyo.

あとがき

　いまこの「あとがき」を書きながら、あらためて英語教材製作の難しさに思いを馳せている。英語教育や英語学習を理念的に論じることはたやすい。だが、自分の教育・学習論を具現させるような教材を作ることは至難の業である。現在、日本の英語教育界は百家争鳴の様相を呈しているが、論者たちは一度自分の理想とする教材を作ってみるといい。英語教育・学習がそれほど一筋縄でいかないことがわかるだろう。

　たとえば、語学学習における音読の効用を説く人は多い。だが、音読向きの英文素材はそんじょそこらに転がっているものではない。何度も音読するに値する上質の英文を探し出すことがまず大変な作業となる。

　読みやすく、上質の英語で書かれた、内容的に深い英文。それを集めるという困難な作業から本書の製作は始まった。まず数十冊におよぶ名著のなかから音読向きの文体で書かれたものを選び、それぞれを最初から最後まで読んで、最善と思われる一節を拾い出した。そこからさらに取捨選択を繰り返し、最終的に残ったものが本書所収の10編の英文である。苦労した甲斐あって、なかなか味わいのある文章を選ぶことができたと思っている。

　もちろん、そんな苦労話をして遅筆の言い訳をするつもりはない。遅々として進まない素材選定・執筆作業を根気よく見守ってくれた講談社インターナショナルの浦田未央さんには心からお詫びとお礼を申し上げたい。本書完成に至るまで、彼女の抜群の語学的センスに終始助けられた。

本書が志ある読者の英語学習の一助となることを祈りつつ擱筆する。

2007年4月
斎藤兆史

こころの音読　名文で味わう英語の美しさ

2007年7月31日　第1刷発行
2023年9月26日　第6刷発行

著　者　斎藤兆史
発行者　清田則子
発行所　株式会社講談社
　　　　〒112-8001　東京都文京区音羽2-12-21
　　　　販売　電話 03-5395-3606
　　　　業務　電話 03-5395-3615

編　集　株式会社講談社エディトリアル
　　　　代表　堺公江
　　　　〒112-0013　東京都文京区音羽1-17-18　護国寺SIAビル
　　　　編集部　東京 03-5319-2171

印刷・製本所　大日本印刷株式会社

定価はカバーに表示してあります。
落丁本・乱丁本は購入書店名を明記のうえ、講談社業務宛にお送りください。送料小社負担にてお取り替えいたします。なお、この本についてのお問い合わせは、講談社エディトリアル宛にお願いいたします。本書のコピー、スキャン、デジタル化等の無断複製は著作権法上での例外を除き禁じられています。本書を代行業者等の第三者に依頼してスキャンやデジタル化することはたとえ個人や家庭内の利用でも著作権法違反です。

© 斎藤兆史 2007
Printed in Japan
ISBN978-4-7700-4079-4